BERLITZ

EGYPTE

Une publication des Guides Berlitz

Copyright © 1993, 1990, 1980 by Berlitz Publishing Co. Ltd.,
London Road, Wheatley, Oxford OX9 1YR, England.

Tous droits, en particulier de reproduction, de diffusion et de
traduction, réservés. Sans autorisation écrite de l'éditeur, il est
interdit de reproduire cet ouvrage, même partiellement, d'en faire des
copies ou de le retransmettre par quelque moyen que ce soit,
électronique ou mécanique (photocopie, microfilm, enregistrement
sonore ou visuel, banque de données ou tout autre système de
reproduction ou de transmission).

Marque Berlitz déposée auprès d'U.S. Patent Office et dans d'autres
pays – Marca Registrada.

Printed in Switzerland by Weber S.A., Bienne.

16e édition (1992/1993)

Mise à jour: 1992, 1990, 1989, 1988, 1986, 1984, 1983, 1982, 1980

Comment se servir de ce guide

- Vous trouverez dans le chapitre *Berlitz-Info,* à partir de la page 102, toutes les indications et tous les conseils utiles avant et pendant votre voyage. Les *Informations pratiques* proprement dites commencent à la page 106, mais leur sommaire figure à l'intérieur de la page de couverture, en début de guide.

- La section *L'Egypte et les Egyptiens,* à la page 6, vous donne une idée générale sur le pays. Pour en savoir davantage, parcourez la section *Un peu d'histoire,* à partir de la page 12.

- Tous les monuments et les sites à découvrir sont décrits de la page 24 à la page 83. Les curiosités à voir absolument, choisies selon nos propres critères, vous sont signalées par le petit symbole Berlitz.

- Les achats et les distractions – les fêtes, la vie nocturne et les sports – vous sont présentés de la page 84 à la page 95, juste avant la section *La table et les vins* (pp. 95–101).

- Un index, enfin (pp. 126–128), vous permettra de repérer en un clin d'œil villes, sites et monuments.

Bien que l'exactitude des informations présentées dans ce guide ait été soigneusement vérifiée, elle n'en est pas moins subordonnée à des fluctuations temporelles. Aussi ne saurions-nous assumer de responsabilité pour des modifications de faits, de prix, d'adresses et d'autres éléments sujets à variations. Nos guides étant remis à jour régulièrement, nous examinerons volontiers toutes les remarques dont nos lecteurs voudraient bien nous faire part.

Texte établi par: Tom Brosnahan
Adaptation française: Solange Schnall
Photographie: Luc Chessex
Maquette: Doris Haldemann
Illustrations: Aude Aquoise
Nous remercions particulièrement Jacques Schmitt, Pierre-André Dufaux, Aly Hussein et Jean O'Hanlon de leur précieuse collaboration. Notre gratitude va également à EgyptAir et à Assem Tawfik, ainsi qu'à Mounira Fouad et à Abdel Rahman, de l'Office d'Information et de Tourisme de la République arabe d'Egypte à Genève, pour leur aimable assistance.
4 Cartographie: 🅕 Falk-Verlag, Hambourg.

Table des matières

Photo de couverture: Les pyramides et le Sphinx de Guizèh.
Photo pp. 2–3: Peinture murale dans une tombe de la Vallée des Rois.

5

L'Egypte
et les Egyptiens

Vastes étendues de terres sahariennes incultes et brûlantes, sables illimités rompus seulement par les pistes poudreuses des caravanes: comment cette terre a-t-elle pu donner le jour, il y a cinq millénaires, à l'une des plus grandioses civilisations? A la quasi-totalité des mystères égyptiens, une seule solution: le Nil.

Ses eaux, recueillies dans les profondeurs de l'Afrique, se frayent un chemin à travers le désert jusqu'à la Méditerranée. Sur plus de 1000 kilomètres,

d'Abou-Simbel au Caire, ce fleuve prodigieux étire de part et d'autre de ses rives d'étroites bandes de terre irriguée et cultivée. Extraordinaire fertilité qui, depuis l'aube des temps, est engendrée par la crue du Nil. Le limon et l'ardeur du soleil (le dieu Rê) permettent jusqu'à deux récoltes par an.

L'Egypte est bien «un don du Nil» (Hérodote).

Qu'advint-il des premiers Egyptiens? Leur race s'est perpétrée et leurs descendants vi-

Au pays des pharaons, les transports en commun restent adaptés à la configuration du terrain.

vent toujours au bord du Nil. Ils adoptèrent le christianisme tel que le leur enseigna saint Marc et fondèrent l'une des plus anciennes communautés de la chrétienté, l'église copte, qui joue aujourd'hui encore un rôle significatif dans les affaires du pays.

Entre 1100 et 332 av. J.-C. arrivèrent Libyens, Perses et Noirs de Nubie. Puis, vers le VIIe siècle, les Arabes commencèrent à se déverser dans le delta du Nil où ils introduisirent une langue et des coutumes encore vivantes de nos jours.

L'Egypte exerce depuis toujours une irrésistible fascination sur le visiteur et il n'est pas difficile de comprendre pourquoi. Les pyramides, les palmiers, le Nil, le désert, le Sphinx sont autant d'éléments qui suffisent pour que chacun rêve d'accomplir une fois dans sa vie, au moins, un voyage en ce pays. Mais que l'on gratte un peu la surface d'une pyramide et l'on trouvera la véritable gloire de l'Egypte: l'histoire de sa civilisation antique, d'une inestimable valeur.

Et c'est ce sens de l'histoire, profondément présent dans le sol égyptien, qui fait l'unicité de ce pays. Devant les quatre statues monumentales du temple de Ramsès II à Abou-

8

Simbel, comment ne pas éprouver de respect pour la civilisation qui reconnaissait à Pharaon un statut de dieu. C'est en parcourant les temples sacrés de Louxor et de Karnak et l'étrange cité des morts à Thèbes (Vallée des Rois) que l'on comprendra à quel point les premiers Egyptiens prenaient leur religion au sérieux. Ailleurs, sans cesse, on verra les monuments et l'on entendra les noms qui composent la mosaïque colorée de la vie égyptienne: Memphis, Horus, Toutankhamon, Antoine et Cléopâtre, El-Alamein, Alexandrie, le canal de Suez. Mais, à l'instar de la pierre de Rosette qui a fourni la clé des hiéroglyphes, Le Caire est, indéniablement, la clé de l'Egypte moderne.

A l'échelle de la vie éternelle du fleuve, la ville, vieille d'un millénaire à peine, est «récente». A l'ombre des pyramides de Guizèh, les Cairotes ont érigé d'innombrables monuments à la gloire de l'Islam, faisant de leur ville un haut lieu de la civilisation arabe.

Capitale de la plus peuplée des nations arabes, Le Caire se trouve aujourd'hui confronté

Doué d'ubiquité, Ramsès II commande l'entrée d'Abou-Simbel.

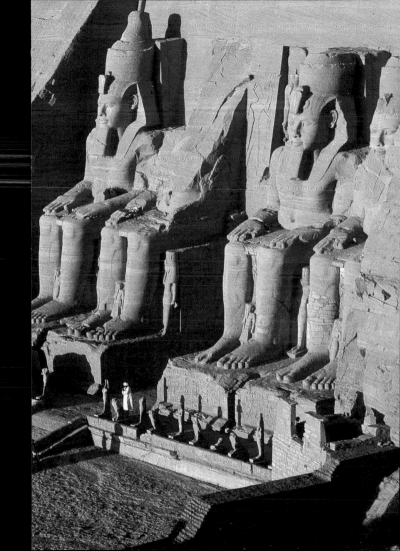

à des problèmes pressants. Sa population croît au rythme incroyable de 4000 âmes par jour: dans l'effort entrepris pour loger tout le monde, on a même converti en habitations des tombes médiévales en ruine! Des armées de piétons et des légions de voitures se pressent dans les rues, soulevant une couche de fine poussière de sable que des pluies, brèves et rares, ne parviennent jamais à emporter. Le bruit est un tourment constant. Les trans-

Descente du Nil en bateau – les marins des felucca sont ici dans leur élément.

ports publics sont à ce point surchargés que les autobus circulent alourdis de grappes de passagers, qui sur les pare-chocs, qui accroché aux fenêtres.

Mais, malgré cette surpopulation, Le Caire n'est pas tant la ville du «débrouille-toi-tout-seul» que celle du «fais-le-faire-par-un-autre». Ainsi, pour transporter une valise ou aller acheter un journal, on trouvera, en échange d'un petit pourboire, plus de diligence qu'on n'en peut souhaiter.

Bien qu'en butte à toutes sortes de difficultés, les Egyptiens ne manquent pas de projets qui devraient lancer le pays dans le futur: les plans s'enlisent-ils dans la paperasse de l'administration? On ne désespère pas pour autant. Après tout, le grand barrage d'Assouan n'a-t-il pas accompli un miracle en permettant le contrôle de la crue annuelle du Nil et en fournissant l'électricité indispensable à la satisfaction des besoins du pays?

Portés par le passé triomphal de leur ville et l'histoire glorieuse de leur pays, les Cairotes sont confiants en l'avenir: l'Egypte est éternelle, les flots du Nil ne s'arrêteront jamais de couler. Quant aux inconvénients de la vie citadine, *ma'alesh!* Qu'importe...

Un peu d'histoire

Les années, les siècles même, perdent leur sens lorsqu'on remonte le temps jusqu'aux périodes embrumées du troisième millénaire av. J.-C.* Les Egyptiens d'alors étaient un peuple robuste et doué sur le plan artistique, qui disposait déjà d'un système complexe de signes hiéroglyphiques. Lorsqu'ils inventèrent le papyrus, avec les tiges d'une sorte de jonc du Nil, ils laissèrent la trace écrite de leur histoire qui nous fut ainsi révélée.

L'Ancien et le Moyen Empire

Le roi Ménès (Iʳᵉ dynastie, 3000 av. J.-C.) réunit la Haute- et la Basse-Egypte: il fut le premier à porter la double couronne *(pschent)*, si souvent représentée dans l'art pharaonique. Sa capitale était Memphis, au sud du Caire. L'unité assura richesse, puissance et progrès à l'Egypte; quelque deux siècles plus tard, l'Ancien Empire (2780–2250) était établi avec, à sa tête, le roi Djozer (IIIᵉ dynastie). Celui-ci fit ériger la pyramide à degrés de Saqqarah, inaugurant ainsi l'ère des grandes pyramides. Après 200 ans, les mathématiques et l'organisation de la main-d'œuvre étaient si avancées que Chéops et son fils Chéphren purent faire construire les pyramides colossales et le Sphinx gigantesque de Guizèh. Couronnant cette étonnante réalisation humaine d'un halo de divinité, les pharaons de la Vᵉ dynastie (2440–2315) se proclamèrent fils de Rê, le grand dieu-soleil. Mais se proclamer dieu et en être un sont choses différentes, et, au fil du temps, l'autorité

---

* Toutes les dates précédant la naissance du Christ doivent être considérées comme approximatives.

royale déclina jusqu'à ce que la guerre civile mît un terme à l'Ancien Empire, vers 2250.

La pyramide à degrés de Djozer: une première qui a fait des émules.

Le Moyen Empire s'étendit sur quelques siècles (2000–1570) au cours desquels l'Egypte redevint un pays riche et puissant. Les pharaons étaient au sommet d'un ordre féodal et des nobles puissants contrôlaient les *nomes* (provinces) du royaume. Avec l'appui de ses vassaux, le roi marcha à la tête de son armée de Thèbes (Louxor), la nouvelle capitale, jusqu'à la Nubie au sud et jusqu'en Palestine à l'est, conquérant tout sur son passage.

Au fur et à mesure qu'augmentait le patrimoine des conquérants, leurs terres étaient convoitées chaque jour davantage par les voisins belliqueux de l'Egypte. Le peuple des Hyksos détenait une arme secrète lui permettant de l'em- **13**

Petite chronologie

L'histoire de l'Egypte est d'une longueur considérable et l'on s'y perd facilement. (Qui la possède à fond est mûr pour le doctorat d'Université!) Nous donnons ci-après un résumé très schématique des périodes les plus importantes.

Ancien Empire	3000–2250 av. J.-C.	Ire–VIe dynastie; pyramides de Guizèh et de Saqqarah
Moyen Empire	2000–1570	XIe et XIIe dynasties; invasion des Hyksos
Nouvel Empire	1570–1100	XVIIIe–XXe dynastie; tombeaux et temples de Louxor et d'Abou-Simbel
Basse Epoque	1100–332	XXIe–XXXe dynastie; invasions libyenne, nubienne, assyrienne, perse, grecque. Déclin et guerre civile
Période ptolémaïque (les Lagides)	332–30	De Ptolémée Ier à Ptolémée XVI, successeurs d'Alexandre le Grand
Période romano-byzantine	30 av. J.-C.–639	Saint Marc introduit le christianisme vers l'an 40
Empire arabe (Califats)	639–1251	Dynasties des Omeyyades, Abbâssides, Fâtimides et Ayyûbides
Mamelouks	1251–1517	Mosquées et mausolées du Caire
Période ottomane	1517–1914	Méhémet Ali prend le pouvoir en 1811; ouverture du canal de Suez en 1869
Royaume d'Egypte	1914–1952	Dynastie de Méhémet Ali; domination britannique
République	depuis 1953	Barrage d'Assouan, achevé en 1972

porter même sur les plus braves et les plus déterminés des fantassins égyptiens: le char de combat. Lorsque, au XVIIᵉ siècle, les Hyksos traversèrent le Sinaï à vive allure pour pénétrer dans le Delta fertile, les pharaons furent obligés de se replier sur Thèbes. En signe de triomphe, les Hyksos gravèrent les murs des tombeaux et des temples de représentations de chevaux et de véhicules à roues visibles aujourd'hui encore. Pendant un siècle, les Hyksos régnèrent sur la Basse-Egypte, mais leur conquête s'arrêta là où les chars ne pouvaient plus avancer: à la pointe sud du Delta.

Le Nouvel Empire

La menace constituée par les Hyksos avait contraint les pharaons à réfléchir sur la meilleure façon de gouverner, et l'expulsion de l'envahisseur, en 1570, fut l'occasion d'un certain nombre de réformes. Les souverains réussirent, en premier lieu, à reprendre le pouvoir aux grands féodaux pour le concentrer dans leurs propres mains. Ensuite, ils construisirent des chars, augmentant par là leur potentiel militaire, et l'Egypte devint bientôt un état impérial, parfaitement organisé et discipliné. Sous le Nouvel Empire (1570–1100),

l'ancienne Egypte atteignit au faîte de sa splendeur. Tandis que les armées des pharaons rapportaient de riches butins et des centaines d'esclaves de Syrie et des profondeurs de l'Afrique, on érigeait tombeaux et temples: Louxor, Karnak, Abou-Simbel. La richesse du pays, incomparable, fut en grande partie consacrée à la gloire des rois-dieux qui le gouvernaient.

Certains des plus grands souverains égyptiens ont appartenu à la XVIIIᵉ dynastie. Les trois pharaons nommés Touthmôsis (ou Thoutmès) ont repoussé les frontières de l'empire. Hatshepsout, épouse de Touthmôsis II et belle-mère de Touthmôsis III, régna sur le pays pendant quelques années; elle se fit construire un fabuleux temple funéraire à Deir el-Bahari. Avec Aménophis III (1417–1379), l'Egypte du Nouvel Empire parvint à l'apogée de sa gloire et de sa puissance. Il contribua pour une bonne part à la construction du grand temple d'Amon à Karnak ainsi qu'à celle de deux gigantesques statues façonnées à son image, les colosses de Memnon. Son fils, Aménophis IV, se désintéressant de la politique et de la guerre, se laissa gagner par le mysticisme et proclama une religion nouvelle: le culte **15** d'Aton, seul vrai dieu, symbolisé par un simple disque solaire. Aménophis changea son propre nom en Akhenaton (celui qui plaît à Aton) et, avec son épouse, la reine Néfertiti, fonda une nouvelle capitale en un lieu appelé aujourd'hui Tell al-Amarna,* en Moyenne-Egypte. Mais les puissants prêtres d'Amon à Thèbes devinrent bientôt ses ennemis implacables. Lorsqu'il mourut, le pays était en proie au désordre et son jeune beau-fils Toutankhaton (1361–1351), qui devait ultérieurement changer son nom en Toutankhamon, eut un règne trop bref pour restaurer l'ordre social.

La XVIIIe dynastie prit fin avec l'usurpation du pouvoir par un militaire énergique et habile, Ramsès Ier, fondateur de la XIXe dynastie. Son successeur, Séthi, reconquit toutes les possessions extérieures de l'Egypte. Ramsès II lui succéda. C'est sous son long règne (1304–1237) que fut érigé le temple immense d'Abou-Simbel et que s'acheva la construction de la grande salle hypostyle de Karnak, sans compter les nombreux monuments qui abritaient quantité de statues à son image. D'une main ferme,

Ramsès II assujettit les tribus sémites qui avaient troublé l'ordre des provinces orientales. Pendant de nombreuses années, il exerça un contrôle absolu sur le peuple d'Israël captif, auquel il permit, ultérieurement, de regagner la terre de ses ancêtres.

Les pharaons de la XXe dynastie maintinrent la grandeur de l'Egypte jusqu'en 1100. Les dynasties suivantes luttèrent – mais en vain – pour reconquérir la gloire passée. Les invasions se succédèrent; en 332, le dernier pharaon *égyptien* fut détrôné. Alors, Alexandre le Grand conquit l'Egypte qui ne lui opposa guère de résistance.

Domination grecque et romaine

A la mort d'Alexandre, en 323, l'empire hellénistique fut morcelé et des généraux en prirent le contrôle. Ptolémée, gouverneur d'Egypte, se donna le titre de pharaon en 305. Alexandrie, fief du conquérant sur la côte méditerranéenne, devint la ville la plus importante et la plus brillante du monde hellénique. Cependant, l'immense bibliothèque qui faisait la gloire d'Alexandrie devait être de peu de secours contre les légions romaines...

Pendant vingt ans (51–30), la reine Cléopâtre VII usa d'intelligence et de charme envers

---

* Les ruines de Tell al-Amarna (Akhet-Aton), d'accès difficile, n'offrent d'intérêt que pour le spécialiste.

Cléopâtre

On donna le nom de Cléopâtre à de nombreuses princesses ptolémaïques, mais c'est Cléopâtre VII (69–30 av. J.-C.) qui laissa l'empreinte la plus profonde sur l'histoire. Mariée à son jeune frère Ptolémée XII à l'âge de 17 ans, elle devait plus tard le détrôner avec l'aide de César. Elle suivit le conquérant à Rome, abandonna son second mari – un autre de ses frères – et, par la suite, donna naissance à un fils qu'elle nomma Césarion (il ne fut jamais établi que le père en était Jules César, mais l'opinion se plut à le croire). Pendant quelques années, Césarion régna avec sa mère sous le nom de Ptolémée XVI.

Quelque temps après l'assassinat de César, Marc Antoine se présentait en Egypte, destiné lui aussi à succomber aux charmes de la reine. Mais, après l'écrasante défaite navale d'Actium, Cléopâtre se fit apporter un panier de figues contenant un serpent qui la mordit mortellement.

Si Cléopâtre semble avoir exercé de puissants attraits sur Jules César et Marc Antoine, les historiens rapportent que cette reine ne fut ni d'une beauté frappante, ni d'une grande popularité auprès des Romains qui, quand ils ne la craignaient pas, la méprisaient..

César d'abord, puis envers le général Marc Antoine pour préserver la liberté de son pays (voir l'encadré). Cependant, l'héritier de César, Octave (le futur Auguste), insensible à ses sortilèges, se mit en campagne pour reprendre le contrôle de l'Egypte. Lorsque Marc Antoine fut défait à la bataille navale d'Actium (31 av. J.-C.), la reine se suicida et l'Egypte hellénistique disparut avec elle. Pendant les siècles qui suivirent, le pays ne fut plus qu'une province lointaine de l'Empire romain, gouvernée depuis Rome, puis de Constantinople.

L'Empire arabe

La vague d'armées en provenance d'Arabie qui déferla sur l'Egypte au VIIe siècle apparaît comme l'un des phénomènes les plus déconcertants de l'histoire. Avant l'époque du prophète Mahomet, les Arabes n'étaient constitués que de quelques dizaines de tribus sémitiques. Ils faisaient du commerce ou effectuaient des raids chez leurs voisins. Mais avec l'avènement de l'Islam («soumission à la volonté de Dieu»), les Arabes entreprirent des conquêtes qui devaient changer la face du monde.

Mahomet, un marchand de La Mecque, aimait à s'isoler pour méditer. Au cours de **17** l'une de ses retraites, en l'an 612, une voix céleste lui ordonna d'écrire et de transmettre sa vision. Pendant les vingt années qui suivirent, jusqu'à sa mort, en 632, Mahomet donna les 114 *sourates* (versets) qui forment le Coran, le poème, la loi et l'inspiration du monde islamique.

Dans les premières années de l'Islam, les croyants constituaient une petite communauté aux liens étroits, dirigée par Mahomet lui-même. Mais, au fur et à mesure que celle-ci se développait, des armées furent formées et des opérations militaires entreprises. Moins d'un siècle après la mort du Prophète, les Arabes avaient conquis, outre le Moyen-Orient, la Perse, l'Afrique du Nord et l'Espagne.

L'Egypte fut l'un des premiers pays à succomber à l'envahisseur arabe, en 639. Le général Amr fit du camp militaire de Fustât la capitale du pays. En trois siècles, l'Egypte devint l'un des centres politiques, militaires et religieux les plus importants de l'Empire arabe. Vers 968, la puissante dynastie des Fâtimides, venue du Maghreb, envahit l'Egypte et établit sa capitale à Misr Al-Qâhira, la «cité de Mars». Pendant les deux siècles que dura cette domination, Le Caire connut l'une des périodes les plus riches de son histoire sur le plan culturel. La très célèbre mosquée-université El-Azhar date de cette époque; elle est aujourd'hui encore un phare spirituel pour l'Islam entier, et ses bâtiments rappellent l'apothéose de l'architecture fâtimide.

L'empire des Fâtimides fut dévasté par les armées de Saladin en 1169. Saladin, célèbre par ses campagnes contre les croisés en Palestine et en Syrie, établit sa propre dynastie en Egypte, celle des Ayyûbides. Ses descendants furent évincés par une nouvelle vague d'usurpateurs, soldats turcs qui, pour la plupart, avaient été les esclaves *(mamelouks)* des Ayyûbides. En une succession de règnes courts et agités, les Mamelouks assurèrent le pouvoir de 1251 à 1517. Leur puissance s'étendit malgré tout jusqu'en Syrie et en Palestine. Au Caire, ils construisirent d'innombrables palais et mosquées d'un très grand raffinement.

Les Mamelouks furent renversés lors de la conquête de l'Egypte, en 1517, par les armées efficaces et mobiles des

El-Azhar, c'est en quelque sorte la «Sorbonne» du monde musulman...

Turcs ottomans. Trois ans plus tard, Soliman le Magnifique montait sur le trône de Constantinople (Istanbul), inaugurant l'ère la plus brillante et la plus puissante de l'Empire ottoman. Néanmoins, Soliman ne régna pas longtemps et sa mort marqua l'avènement d'une période de déclin qui allait durer quelque trois siècles et demi. La province égyptienne pâtit de cette détérioration du pouvoir ottoman, notamment lorsque les seigneurs mamelouks réclamèrent le rétablissement de leurs anciennes prérogatives au pacha ottoman du Caire. L'Egypte connut alors une série de crises.

Bonaparte et Méhémet Ali

Le monde moderne est entré pour la première fois en contact avec l'Egypte lors de l'expédition militaire française dirigée par Napoléon Bonaparte, qui débarqua à Alexandrie en 1798. Si les Français avaient pour objectif essentiel de couper la route des Indes à l'Angleterre (par la mer Rouge), le corps expéditionnaire comptait également un groupe de savants, dont des archéologues. Bonaparte contribua à restau-

L'impératrice Eugénie, François-Joseph d'Autriche et Isma' îl pacha inaugurent le canal de Suez.

rer, dans une certaine mesure, l'ordre et la discipline dans le gouvernement égyptien pendant une brève période. Mais au cours de la décisive bataille d'Aboukir (1798), les Anglais détruirent la flotte française; les Français devaient quitter l'Egypte trois ans plus tard.

Parmi les troupes ottomanes envoyées pour résister à l'invasion française, se trouvait un jeune officier du nom de Méhémet Ali. Par la force et par la ruse, ce dernier réussit à s'emparer du pouvoir et à se faire nommer pacha d'Egypte par le sultan. Puis, le 1er mai 1811, il invita tous ses rivaux, les notables mamelouks, à un banquet à la Citadelle du Caire. Chaque fois que les portes se refermaient sur un Mamelouk, à l'intérieur des épaisses murailles, les sbires du nouveau pacha lui coupaient la tête. Cette nuit-là mit un terme définitif à la puissance des Mamelouks, élément important de la vie politique égyptienne depuis 1251.

Fasciné par les méthodes de Napoléon, Méhémet Ali entreprit de réformer son armée et de créer une flotte à l'occidentale avec l'appui de conseillers européens. Des mesures destinées à moderniser l'agriculture et le commerce furent appliquées; on planta du coton dans les terres nouvellement irriguées. Le pays se mit à produire de grandes richesses et, bien que le peuple demeurât désespérément pauvre, le pacha devint, lui, fabuleusement riche et puissant. Entre 1832 et 1841, Méhémet Ali combattit par deux fois son souverain d'Istanbul et réussit presque à s'emparer de la capitale ottomane. Contraint de reconnaître l'indépendance effective de son ancien vassal, le sultan décréta que les fonctions de pacha d'Egypte seraient héréditaires et remises à la maison de Méhémet Ali. Par un amendement, le titre de «pacha» fut ultérieurement remplacé par celui de «khédive», qui équivaut presque au titre de roi.

Cependant, les successeurs de Méhémet Ali ne surent pas déployer l'énergie de leur ancêtre. Le khédive Isma'il (ou Isma'il pacha), qui gouverna de 1863 à 1879, donna son accord au projet du canal de Suez. Mais ses entreprises étaient financées par des banquiers peu scrupuleux; lorsque le khédive se trouva dans l'incapacité de rembourser ses dettes, il fut contraint d'admettre au sein de son gouvernement des «conseillers» financiers anglais et français. Les Anglais réussirent bientôt à contrôler politiquement et militairement le pays. **21**

Au XXᵉ siècle

Pendant la Première Guerre mondiale, l'Egypte occupait une position stratégique capitale pour les Anglais; Le Caire servit de tremplin à l'offensive alliée qui arracha la Palestine, la Syrie et l'Arabie à la domination turque. Dès avant la chute de l'Empire ottoman, l'indépendance du khédive vis-à-vis de son souverain turc était évidente. Le prince Fouad se donna le titre de roi d'Egypte lorsqu'il monta sur le trône en 1917, mais le contrôle du pays était encore dans des mains étrangères.

Après la guerre, les sentiments nationalistes se cristallisèrent au sein du parti Wafd, mené par Saad Zaghloul. Lors des élections libres de 1924, ce parti obtint une large majorité.

La Seconde Guerre mondiale réaffirma l'importance stratégique de l'Egypte. En 1940, l'armée italienne, venue de Libye, pénétrait très avant dans le pays; elle fut repoussée par les troupes britanniques. L'année suivante, le général Rommel et son armée entraînée au désert reconquirent le terrain et envahirent rapidement l'Egypte. En 1942, ils furent arrêtés à El-Alamein, à une centaine de kilomètres seulement d'Alexandrie. Vers la fin de l'année, la fortune des armes tourna à l'avantage des Alliés, et le pays était, de nouveau, aux mains des Anglais.

Farouk était monté sur le trône d'Egypte en 1936. Malgré sa détermination, le roi succomba bientôt à l'atmosphère orientale de ses palais fastueux. Son gouvernement en pâtit, et la défaite militaire en Palestine (1948) fut suivie d'une défaite diplomatique lorsque le roi voulut revendiquer le plein contrôle du Soudan et du canal de Suez. Le malaise s'accrut jusqu'à son renversement, en 1952. Un groupe d'officiers mené par le général Néguib lui succéda. Peu après, Néguib fut remplacé par le colonel Gamal Abdel Nasser.

La république fut proclamée le 18 juin 1953; Nasser demeura dix-sept ans au pouvoir. Malgré (ou grâce à) son gouvernement autoritaire, c'est au cours de cette période que l'Egypte retrouva le sens de son identité nationale: dirigé par un Egyptien, le pays connut un essor rapide; Nasser révisa et modernisa son économie et devint le guide des nations du Tiers-Monde. Le symbole de son effort économique fut la construction du grand barrage d'Assouan, dont les centrales géantes produisent des quantités d'électricité suffisantes pour subvenir au tiers des besoins du pays.

Lorsque le président Anouar el-Sadate succéda à Nasser en 1970, sa personnalité plus modérée donna au pays le contrepoids dont il avait si désespérément besoin. Cependant, l'énergie et les ressources de l'Egypte avaient été continuellement mises à contribution en raison de guerres périodiques avec Israël (1948, 1956, 1967 et 1973). C'est sous Sadate que fut enfin approuvé, en 1979, le traité de paix historique entre l'Egypte et Israël.

Assouan: des millions de kilowatts et de mètres cubes d'eau, mais aussi la fin des crues capricieuses.

Un pas vers la paix qui suscita l'admiration des uns et la haine des autres. Contesté par la plupart des dirigeants arabes, Sadate fut assassiné en 1981.

Ces dernières années, et malgré des difficultés intérieures, l'Egypte s'est acquis le respect de la communauté internationale par une politique résolument modérée.

23

Que voir

Le Caire

Etablie à l'endroit où la vallée du Nil s'ouvre sur son ample Delta plat et fertile, la ville constitue, depuis 1000 ans, le centre de la vie égyptienne. C'est, avec 13 millions d'habitants, la plus grande cité d'Afrique et l'une des plus peuplées du monde.

Le cœur de la métropole moderne est situé sur la rive orientale du Nil et s'étend jusqu'aux îles de Guézira et Rodah. Là, sur les bords du fleuve, s'élèvent des hôtels de luxe au pied desquels s'étendent les frais ombrages de Garden City. Le Nil est enjambé par quatre ponts entre la haute maison de la Radio et de la Télévision au nord et l'île de Rodah au sud. L'un des ponts les plus animés, celui d'El-Tahrir* (Koubry el-Tahrir ou Kasr el-Nil), part de l'île de Guézira et franchit le bras principal du fleuve pour pénétrer au cœur même de la cité, place El-Tahrir.

Microcosme de la vie cairote, la **place El-Tahrir** (Midan Tahrir, place de la Libération) palpite et gronde tout le jour et même la nuit. Cet immense rond-point est un véritable labyrinthe de tunnels souterrains reliant les passerelles pour piétons au métro (construit par les Français et toujours en cours d'expansion). Sur la place, colporteurs et camelots occupent chaque matin l'emplacement qu'ils se sont attribué, attendant le flot quotidien des clients potentiels. Çà et là, les Cairotes, en longues files immobiles, attendent patiemment des autobus surchargés dans lesquels il n'y a souvent plus de place pour eux.

* Devant la multiplicité des systèmes de transcription des noms propres arabes, nous avons retenu pour les noms de rues les graphies à l'anglaise, les plus usitées.

La place est entourée de nombreux bâtiments parmi les plus prestigieux du Caire: le **Musée égyptien** (voir p. 37), l'Université américaine, le ministère des Affaires étrangères et l'hôtel Nile Hilton. Partant d'El-Tahrir, la rue Talaat Harb conduit à la **rue Kasr El-Nil**, bordée de magasins élégants et de banques. Cinémas, cafés, restaurants et salons de thé abondent dans ce quartier. La nuit, les rues principales, brillamment éclairées, sont le rendez-vous des badauds. Si l'agitation vous accable, échappez-vous-en le temps d'une promenade jusqu'à la Corniche du Nil, que vous atteindrez, où que vous vous trouviez, en vous dirigeant vers l'ouest.

Le Caire musulman

Au-dessus de l'enchevêtrement des toits, admirez l'architecture fantastique des mosquées, leurs dômes et leurs minarets. Le Caire conserve une riche tradition d'art islamique. Vers l'est, en partant d'El-Tahrir, vous longerez le grand palais Abdine (palais de la République), datant du XIXe siècle, pour arriver à la place Bab el-Kealk; de là, vous traverserez

Tranquille et majestueux, le Nil règle la vie de toute l'Egypte.

un quartier animé par des marchés pour atteindre les bastions massifs et cylindriques de **Bab Zoueila,** porte imposante percée dans les remparts médiévaux.

Les deux minarets qui couronnent la porte appartiennent en fait à la **mosquée El-Mouayed** contiguë, achevée en 1420 par le Mamelouk El-Mouayed. Les ennemis politiques de ce sultan l'avaient enfermé dans l'infâme prison de Bab Zoueila. Au cours de son incarcération, il fit vœu de construire une mosquée s'il parvenait à s'échapper. Ayant réussi, il fit édifier un sanctuaire extraordinairement beau, doté d'un charmant jardin intérieur. Demandez au gardien de vous montrer la prison *(segn)*, et aussi l'escalier qui mène au sommet de Bab Zoueila: on y jouit d'une vue merveilleuse.

Continuez vers le Nord par la rue Muizz lidini-llah jusqu'à **Madrassa d'Al Ghuri** et le **tombeau d'Al Ghuri**. Ce groupe splendide – madrassa, mausolée et wakala – fut construit par l'avant-dernier sultan Mamelouk, Qansuh Al-Ghuri. A l'ouest, la madrassa offre à la vue un plan cruciforme couvert et un minaret rectangulaire inhabituel surmonté de très beaux «tuyaux de cheminée». En face, le mausolée a perdu sa coupole et tient maintenant lieu de centre culturel local.

Le tombeau d'Al-Ghuri, ou «Palais d'Al-Ghuri», a été restauré et est ouvert au public; on peut y admirer des expositions d'art et, tous les mercredis et samedis, des soirées folkloriques gratuites où figure notamment un derviche tourneur. Touristes et habitants locaux les apprécient beaucoup.

De là, faites quelques pas vers le Nord et tournez à droite pour atteindre le **Wakalat Al Ghuri,** maison de marchand construite au XVIe siècle, ouverte au public et où l'on peut voir des expositions-ventes d'art et d'artisanat. Peu après, tournez à gauche pour arriver à la **mosquée** et **l'université El-Azhar,** lieu d'études le plus prestigieux de l'Islam. Son nom arabe signifie «la Splendide». Commencée en 970, la mosquée de Fatima ez-Zahra fut ultérieurement agrémentée de bibliothèques, de foyers pour les pèlerins et les étudiants, de portes et de minarets. Passé la porte des Barbiers (entrée principale), traversez

28

Courez les mosquées du Caire... sans oublier d'ôter vos chaussures.

la grande cour *(sahn)* bordée de chambres *(riouaks)*, jusqu'au grand *liouân* pour aller voir les deux niches à prière *(mihrâb)*. Aujourd'hui, 30 000 étudiants venus du monde islamique entier apprennent ici la médecine, le droit et la théologie.

Traversez la rue El-Azhar, dont la circulation est intense, pour atteindre le **Khan el-Khalili,** célèbre bazar du Caire (voir aussi p. 84). La visite de ce souk s'impose! Les échoppes minuscules où l'on vend de tout – des bijoux orientaux inestimables aux articles de pacotille et aux objets domestiques bon marché – sont bondées de visiteurs cairotes et étrangers. Comme partout ailleurs, il faut dénicher les articles de qualité parmi un amoncellement de toc, de contrefaçons et d'objets fabriqués à la chaîne.

Nombre de boutiques sont en elles-mêmes des œuvres d'art: encadrements de portes

de bois sculptés aux entrelacs délicats, sols recouverts de tapis orientaux, intérieurs qui embaument le cèdre, le santal et l'encens. Demandez au boutiquier la permission de jeter un coup d'œil à ses ateliers: par un véritable labyrinthe, il vous conduira sous les combles, où des hommes et des enfants travaillent avec acharnement. Des travaux d'incrustation compliqués, du cuivre martelé, des bijoux en or ou en argent ciselé seront réalisés sous vos yeux. Devant la délicatesse de ce travail artisanal, vous constaterez que les prix au Kahn el-Khalili sont tout à fait raisonnables.

Regagnez la rue Muizz lidini-llah pour vous rendre à la **mosquée de Kalaoûn;** c'est un imposant complexe qui comprend un hôpital *(maristan)*, un séminaire *(madrassa)*, le mausolée du sultan Kalaoûn et la mosquée elle-même. L'ensemble fut achevé en 1293. La façade de style fâtimide, richement décorée, rappelle curieusement l'architecture médiévale que les croisés importèrent d'Occident. Ne partez pas sans visiter le **mausolée du sultan.** Après avoir suivi un long couloir, vous découvrirez un magnifique portail, très haut, qui s'ouvre sur une vaste salle au plafond sculpté et doré d'une très grande beauté.

Dans le bâtiment contigu, rivalisant de magnificence avec le mausolée du sultan Kalaoûn, la **madrassa du sultan Barkoûk** (madrassa El-Barkoûkieh) date de 1386. Franchissez ses portes de bronze délicatement ouvragées, traversez un vestibule et tournez à droite en passant par d'autres portes de bronze: vous découvrirez un plafond couvert d'arabesques d'or sur fond d'azur. Une pièce donnée au gardien vous ouvrira la porte du tombeau de la fille du sultan Barkoûk.

Bien que, entre la madrassa de Barkoûk et votre prochaine halte au palais d'Al-Mousafirkhana, la promenade soit courte, vous ne pourrez vous passer de guide pour emprunter le dédale des rues étroites. N'importe quel gamin du voisinage se fera un plaisir de vous accompagner. Le **palais d'Al-Mousafirkhana** («maison d'hôtes» en turc), édifice bien conservé, fut construit vers la fin du XVIIIᵉ siècle dans le style mamelouk. Les entrelacs sculptés ornant le plafond du salon principal en font tout le charme.

Revenez sur vos pas jusqu'à la rue Muizz lidini-llah pour voir la toute petite **mosquée El-Akmar** (1125) qui vient d'être restaurée; la façade se distingue par une riche ornementation taillée dans la **31** pierre. A quelques pas de là, au nord et sur votre droite, se trouve **Bêt es-Souhaymi,** qui était, il y a deux siècles, la demeure d'un cheik, recteur d'El-Azhar. La maison se divise, selon le plan traditionnel, en un salon où l'on recevait les invités masculins *(salamlik)*, et les appartements privés où vivaient l'épouse et les filles *(haramlik)*. A l'étage, les vitraux, le dallage à la turque et les grillages en bois tourné *(moucharabiehs)* font de la «prison» des femmes un véritable palais.

Dirigez-vous ensuite vers le mur nord de la cité médiévale, où se dresse la grande **mosquée El-Hakim.** Celle-ci fut achevée en 1013 par le tristement célèbre El-Hakim, le calife fou. Restauré et en grande partie reconstruit grâce aux dons de la secte musulmane Bahari, l'édifice n'a rien perdu de sa superbe.

A proximité, Bab el-Foutouh (porte des Conquêtes) et Bab en-Nasr (porte de la Victoire) faisaient partie intégrante des **remparts** de la ville, érigés à la fin du XIe siècle. Les murs d'origine ont été entretenus et reconstruits au cours des siècles, notamment par les troupes napoléoniennes. Un guide surgi on ne sait d'où vous vendra un billet et vous conduira **32** en haut des remparts.

La Citadelle

Lorsqu'on se rend à la Citadelle en partant du centre du Caire, on passe entre deux mosquées d'un intérêt exceptionnel. La **mosquée du sultan Hassan,** glorieuse réalisation de son royal constructeur, fut achevée en 1362. Les dimensions imposantes et la majesté austère du portail principal rivalisent avec, à l'intérieur, quatre *liouâns,* lieux de prière surélevés. Le **tombeau du sultan Hassan,** situé derrière le *mihrâb* (niche à prière), est orné de beaux vitraux et d'une guirlande d'inscriptions qui court sur les murs. Le dôme qui surmonte le mausolée est soutenu par de remarquables trompes à stalactites. Le catafalque lui-même est réalisé en albâtre d'Egypte. Les importants travaux de restauration en cours ne facilitent guère la visite.

De l'autre côté de la rue, la **mosquée er-Rifaï,** destinée à devenir la dernière demeure des descendants de la maison de Méhémet Ali, fut achevée en 1912.

Montez jusqu'à la **Citadelle** forteresse dans le style des croisés, datant de l'époque de Saladin (1207). Lorsque vous en

Dans la mosquée du sultan Hassan, une fontaine réservée aux ablutions.

franchirez les murailles colossales, souvenez-vous du sinistre «dîner» organisé par Méhémet Ali en 1811 (voir p. 21).

De tous les monuments de la Citadelle, c'est la **mosquée de Méhémet Ali** (ou «mosquée d'albâtre») qui attire le plus l'attention. Elle est de style baroque ottoman, avec, ici et là, quelques touches Louis-Philippe. Construite sur le modèle turc, elle est précédée d'une belle cour ouverte entourée d'une colonnade. Les pharaons eux-mêmes n'usèrent pas de l'albâtre avec la prodigalité de Méhémet Ali: tout l'intérieur en est recouvert, alors que le tombeau même du pacha (à droite en entrant) est en marbre de Carrare.

En quittant la mosquée, contournez-la pour avoir une **vue panoramique** sur Le Caire et le Nil. S'il n'y a pas trop de brume, vous apercevrez au loin les pyramides de Guizèh, qu'on dirait posées en équilibre au bord du désert. Avant de quitter cet observatoire, cherchez, dans l'enchevêtrement des immeubles modernes, la vaste cour carrée et le minaret-ziggourat de la mosquée d'Ibn Touloûn, à quelque distance à l'ouest de la Citadelle. Ce sera là votre prochaine étape.

Bien qu'il y en ait d'autres plus anciennes au Caire, la **mosquée d'Ibn Touloûn** (879) est la mieux conservée des premières constructions islamiques de la ville. Sa vaste cour est fermée par un porche profond, soutenu par cinq arcades. Immédiatement à côté de ce sanctuaire, l'un des musées les plus passionnants du Caire, le **musée Gayer-Anderson,** est installé

dans deux anciennes maisons arabes réunies (l'une date de 1540 et l'autre de 1631). Ces bâtiments constituent un excellent exemple de l'architecture domestique traditionnelle; le musée que ces demeures abritent présente de beaux spécimens des arts décoratifs de Perse, de Turquie, d'Arabie, d'Europe et même de Chine. Le musée Gayer-Anderson, administré par le musée d'Art islamique, est ouvert aux mêmes heures que celui-ci (voir p. 116).

Ancien et moderne mêlés: la vue depuis la mosquée d'Ibn Touloûn.

Le Vieux-Caire

Le Vieux-Caire se situe à quelques kilomètres au sud du centre de la cité moderne; on y accède en taxi ou – si vous ne redoutez pas les bains de foule – par le train depuis la gare de Bab el-Louk (ou Bab el-Luq), près de la place Falaki. On descend à la station Mari Girgis (gare Saint-Georges).

Ici, bien avant la fondation du Caire moderne, s'élevait une forteresse romaine du nom de Babylone. Vous entrerez dans la vieille cité par une porte encadrée de deux grosses tours romaines. A l'intérieur de l'enceinte s'élèvent nombre d'églises et de monastères cop-

Couleur de sable le jour, Le Caire attend la nuit pour éclater de mille feux; la tour El-Borg, sur l'île de Guézira, ne se prive pas de ce plaisir.

tcs. L'**église el-Moallaqah** («la Suspendue») tire son nom de sa situation exceptionnelle au faîte des deux tours d'une porte romaine: sa nef centrale est ainsi «suspendue» au-dessus du vide. Les fondations sont du VIIe siècle, mais, selon certains indices, il y aurait eu là un sanctuaire dès le IVe siècle. El-Moallaqah, qui possède un merveilleux ambon du XIe siècle, serait, avec Saint-Serge (Abou Sergah), la plus ancienne église du pays.

Saint-Serge se trouve à l'écart, au cœur du dédale des ruelles du Vieux-Caire bordées de beaux portails et pavées de grosses pierres patinées par les siècles. Selon la légende, c'est là que Marie, Joseph et l'Enfant Jésus auraient trouvé refuge pendant la fuite en Egypte.

A quelques pas de Saint-Serge, l'**église Sainte-Barbara** est décorée dans le style copte le plus pur. Immédiatement après, sur la droite, s'élève la petite **synagogue Ben-Ezra** (dédiée à saint Michel). Le gardien, très fier de sa merveille méconnue, vous montrera les vieux livres saints de la communauté – moyennant une petite contribution à l'entretien de l'édifice.

Ne quittez pas le Vieux-Caire sans rendre visite au **Musée copte** (voir p. 40).

Les deux îles

Qui veut échapper à la frénésie épuisante des grandes artères de la cité moderne mettra le cap sur l'**île de Guézira**, couverte de parcs et de clubs sportifs, où s'élève la **tour du Caire** (El-Borg). Un agréable salon de thé en plein air en occupe la base. Grimpez au sommet de la tour (185 m.), d'où vous jouirez d'une vue magnifique; une dernière halte au bar de l'étage inférieur vous donnera du courage pour la descente…

Légèrement plus petite que Guézira, l'**île de Rodah** porte en son secteur nord le **palais Manyal,** transformé en musée (voir p. 40). A la pointe sud de l'île, vous pourrez voir le **nilomètre** (El-Miqyas), qui, depuis l'an 715, a permis aux Egyptiens de mesurer avec précision le niveau maximum atteint par les crues du Nil. Remarquez, à l'intérieur du puits, la colonne octogonale graduée en coudées, dont la hauteur dépasse 9 mètres.

Les musées

Situé au centre du Caire, au nord de la place El-Tahrir, le **Musée égyptien** est l'un des plus importants du pays. Le bâtiment fut construit par l'architecte français Dourgnon à la fin du siècle dernier; il était destiné à abriter les innom- **37** brables œuvres mises au jour lors des fouilles que suscita la vague d'enthousiasme pour l'égyptologie, née de l'occupation française. Ce musée conserve aujourd'hui un caractère très académique; la présentation des objets respecte tant que faire se peut une certaine progression chronologique. Cependant, l'étendue des collections est telle (100 000 objets) qu'il conviendra de se limiter à l'essentiel.

Après l'entrée, vous prendrez à gauche pour passer entre deux statues colossales avant d'accéder à la salle consacrée à l'Ancien Empire; elle abrite les sculptures et les sarcophages les plus anciens du musée. Les parois gravées d'une petite chambre funéraire provenant de Dahchour (VIe dynastie), aux couleurs vives, répertorient les offrandes et les provisions censées faciliter l'ultime voyage du mort… Vous remarquerez, en particulier, quelques pots à bière destinés à étancher la soif du tout-puissant défunt.

Plus loin, vous serez frappé par la statue (no 141), stylisée mais très vivante, d'un scribe de Saqqarah (Ve dynastie), dont les yeux de verre réfléchissent des éclats de lumière avec un réalisme étonnant. **38** Dans la salle 32, les figures du grand-prêtre Rahotep et de son épouse Néfret (no 223) témoignent de l'extrême beauté de ces personnages; ces statues révèlent, de façon étonnante, le parti que tiraient les Egyptiens des cosmétiques et des vêtements. Le talent des artistes ne s'arrêtait toutefois pas à la représentation exclusive de l'homme, comme le montre le numéro 446 (salle 12): la déesse Hathor y est représentée sous les traits réalistes et sereins d'une vache. Elle fut découverte dans la niche qui s'élève derrière elle, et dont le plafond figure le firmament parsemé d'étoiles.

Dans la salle 8, le couvercle de cercueil doré, à incrustations de cornaline, décoré de verre bleuté était destiné au frère de Toutankhamon.

Quant à la salle 3, consacrée au règne d'Akhenaton (Aménophis III), elle contient deux statues gigantesques du roi, exécutées dans ce style caricatural, caractéristique de la période (le monarque y est figuré le ventre dilaté et les cuisses adipeuses et efféminées).

Vous avez d'autre part la possibilité de visiter – en haut de l'escalier ouest – une intéressante exposition, intitulée «Guerre et Paix». Présentée avec art, elle occupe une vaste salle. Certaines pièces parmi les plus intéressantes remontent au règne de Ramsès II, tel cet énorme bloc de pierre qui représente le poing du souverain, symbole du poids de l'autorité pharaonique. La collection renferme aussi le cercueil de Ramsès II, le coffre, exquisément peint, de Toutankhamon et diverses cassettes, ainsi qu'une foule d'objets séduisants, en provenance d'Amarna.

Pour vous faire une idée exacte de la vie quotidienne dans l'Egypte ancienne, vous visiterez les salles 22, 27, 32 et 37. Les charmantes figurines de bois qui abondent dans ces salles représentent les serviteurs censés pourvoir aux besoins du voyageur dans sa course vers l'«autre rive» (l'autre monde). Soldats, bateliers guidant les barques funéraires, artisans avec leurs outils, canards, poissons, chiens, bétail, la vie même de villages égyptiens est ici reconstituée telle qu'elle se présentait à l'époque pharaonique.

Préparez-vous au choc que vous réserve la section consacrée au **trésor du roi Toutankhamon,** qui mourut mys-

Somptueux masque funéraire du pharaon Tout, qui ne fut pourtant qu'un souverain sans importance.

térieusement à l'âge de 19 ans seulement. La sépulture, inachevée lors du décès de ce monarque, est située dans la Vallée des Rois à Thèbes (Louxor). Ayant, par miracle, échappé aux profanateurs de sépultures, elle contenait encore, lorsque l'archéologue anglais Howard Carter la découvrit en 1922, un trésor unique tant par l'abondance et la diversité que par la beauté. Mille sept cents objets pour ce petit monarque? Quels incommensurables trésors, se demandet-on alors, devaient accompagner la dépouille de pharaons aussi puissants que Ramsès II...

Dans la salle 4 sont exposées les plus belles pièces du trésor; parmi elles, le cercueil en or massif, quantité de bijoux et le célèbre masque funéraire en or de Toutankhamon. Galeries et corridors avoisinants regorgent d'autres merveilles: des catafalques en bois doré, un ravissant petit trône en or orné de pierreries et décoré du symbole du dieu-soleil Aton, et un superbe coffre en or surmonté de cobras sacrés *(uraeus)* et entouré de quatre accortes jeunes filles. La visite du tombeau de Toutankhamon, dans la Vallée des Rois (voir p. 71), laisse perplexe; on se demande, en effet, comment un trésor aussi volumineux a pu y être entassé.

Tout près de la place Bab el-Kealk, le **musée d'Art islamique,** contigu à la Bibliothèque égyptienne, contient de merveilleuses collections: tapis de prière, céramiques, tissus, objets persans, lampes de mosquée en verre émaillé, manuscrits enluminés. La collection d'armes incrustées et ciselées justifie à elle seule la visite. Si le Coran interdit (théoriquement au moins) la représentation humaine, on observera cependant ici et là quelques transgressions à cette règle.

Le **Musée copte** est situé au cœur du Vieux-Caire. Sont ici rassemblés de beaux spécimens d'artisanat copte, provenant de ruines d'églises et de maisons: sculptures sur bois, objets en verre, moucharabiehs, écrans ajourés, bijoux d'or ou d'argent. A première vue, l'art copte ressemble étonnamment à l'art islamique: mêmes entrelacs délicats dans les enluminures des livres saints musulmans et celles des bibles coptes. La différence réside cependant en ceci que l'artiste chrétien était autorisé, par sa religion, à représenter les hommes et les animaux.

Le **palais Manyal,** sur l'île de Rodah, n'est autre que le palais du pacha Méhémet Ali, devenu un musée après la chute de la monarchie. Il se compose

Au cœur de la ville bigarrée, derrière les portes du musée d'Art islamique, découvrez les splendeurs d'une civilisation des plus raffinées.

de divers pavillons remplis d'objets curieux et précieux qui agrémentaient la vie quotidienne du roi. Entouré de magnifiques jardins aux banians centenaires, le complexe du palais Manyal constitue un plaisant refuge, loin du bruit et de la poussière de la ville. Un hôtel est installé dans la vieille demeure et vous pourrez y déguster en paix le repas de midi ou du soir.

A l'**Institut du papyrus** du professeur Hassan Ragab, situé dans un bateau à l'ancre sur le Nil, à proximité de l'hôtel Sheraton, on peut assister au traitement du papyrus et acheter le produit fini, peint ou dessiné. A un kilomètre au sud s'étend le **village pharaonique** du professeur Ragab, établi sur l'île Jacob. Depuis un «amphithéâtre» halé telle une péniche le long d'un canal sinueux bordé de papyrus, on a d'intéressants aperçus des méthodes de culture et de fabrication en usage dans l'Egypte ancienne.

Pour connaître les horaires des musées, voir p. 116.

Excursions à partir du Caire

⚑ Les pyramides de Guizèh

L'itinéraire menant aux pyramides de Guizèh suit, naturellement, l'avenue des Pyramides. Cette route est habituellement très encombrée, mais l'œil est bien vite captivé par le spectacle grandiose des «Grandes Pyramides» surgissant derrière les hôtels et les immeubles locatifs. Les Grecs de l'Antiquité tenaient ces monuments colossaux pour l'une des sept merveilles du monde.

En bordure de la ville moderne et à la lisière du désert, les pyramides, aux formes géométriques sobres et parfaites à distance, révèlent de plus près les secrets de leur construction. Chacune d'elles est constituée de millions de blocs de pierre massifs, et chaque face, moins lisse qu'il n'y paraît à première vue, évoque plutôt quelque gigantesque escalier. Sans ouvertures pour en suggérer l'échelle, ces édifices puissants semblent trompeusement petits. Jusqu'au moment où l'on parvient à leur base! Ces montagnes construites par l'homme vous écrasent alors de leur majesté immense et mathématique.

La **Grande Pyramide,** ou pyramide de Chéops, est la plus importante des trois: haute de 137 mètres, elle se compose de près de deux millions et demi de blocs de pierre gigantesques. S'il est émouvant d'en visiter l'intérieur, seules les personnes assez sportives et non sujettes à la claustrophobie pourront suivre le guide dans ces profondeurs hantées pour voir la chambre funéraire de Chéops, intacte, avec son sarcophage et ses conduits d'aération.

Les chameliers de l'endroit sont toujours prêts à vous hisser sur l'une de leurs bêtes disgracieuses, afin de vous promener d'une pyramide à l'autre. Ceux qui préfèrent le confort à l'aventure pourront louer une voiture hippomobile.

La **pyramide de Chéphren** est à vrai dire moins élevée que la Grande Pyramide (d'un pied ou deux seulement), mais, construite sur un terrain plus élevé, elle semble plus haute à distance. Le revêtement de dalles polies qui recouvrait autrefois chaque pyramide est encore visible près du sommet.

La **pyramide de Mykérinos** (ou Menkaourê), qui est la troisième et la plus petite, ne mesure que 66 mètres de haut; elle est aussi la plus récente des pyramides de Guizèh. Vous remarquerez les tombeaux, les

Les pyramides

La croyance qui poussa les anciens Egyptiens à enterrer leurs morts sous des *tumuli* (tertres) se perd dans la nuit des temps. Mais quelles qu'en aient été les motivations premières, c'est à partir de ces monticules recouverts de briques que les Egyptiens en sont venus à développer ces édifices. (On dit que 100 000 hommes ont, pendant 20 ans, travaillé à la construction de la grande pyramide de Chéops.)

A l'origine, les tombeaux, ou *mastabas,* affectaient la forme d'un parallélépipède rectangle. Imhotep superposa plusieurs mastabas pour recouvrir la tombe du roi Djozer; l'idée eut du succès, et c'est ainsi que le grand bâtisseur inaugura l'ère des pyramides. La simplicité apparente de ces gigantesques monuments dissimule en fait une très grande complexité de plan, corollaire des croyances des anciens Egyptiens.

Pyramide de Chéops

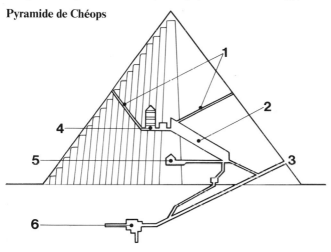

1. Conduits d'aération
2. Grande galerie
3. Entrée
4. Chambre du Roi
5. Chambre de la Reine
6. Chambre inachevée

mastabas et leurs temples funéraires construits tout autour des trois grandes pyramides. On les a disposés ainsi afin que la famille, les amis et les serviteurs nobles des pharaons puissent reposer à l'ombre de leur souverain. Cet ensemble impressionnant fut érigé au cours de la IVe dynastie, vers 2600 av. J.-C. (Ancien Empire). D'autres pyramides bordent le Nil,

Cette stèle révéla les travaux de restauration, entrepris mille ans après la construction du Sphinx, pour le dégager des sables envahisseurs.

mais elles n'offrent pas autant d'intérêt que les précédentes.

Le **Sphinx** (Abou el-Houl, «père de la peur» en arabe) aurait été sculpté à l'image du pharaon Chéphren, et il garde la pyramide qui lui sert de tombeau. Mille ans après sa construction, le Sphinx était entièrement enseveli par les sables, sans cesse mouvants. Touthmôsis IV (1425–1408 av. J.-C.) fit dégager le grand «animal» et le fit restaurer. Trois mille ans plus tard, les Mamelouks utilisèrent le monument comme cible pour l'entraînement de leurs artilleurs!

Près du Sphinx, le **temple funéraire de Chéphren** est remarquable par la taille et la surface lisse de ses blocs de granit, ainsi que par son sol d'albâtre.

La **barque solaire,** un exemplaire de ces longs bateaux en cèdre du Liban qui furent profondément enfouis à proximité de la Grande Pyramide, constitue une autre curiosité. Destinée au voyage de Chéops dans l'autre monde, elle est conservée dans un petit musée construit au sud de cette pyramide.

Saqqarah et Memphis

Longeant des champs irrigués par des canaux, la route qui part au sud de Guizèh mène à Saqqarah. Composée de centaines de tombes et de monu-ments, **Saqqarah** est la plus grande nécropole égyptienne. L'activité y fut particulièrement intense sous l'Ancien Empire, lorsque la capitale des pharaons se trouvait à Memphis, à quelque distance de là.

Vous admirerez d'abord la **pyramide à degrés de Djozer** (IIIe dynastie) qui fut construite sans doute un siècle avant celles de Guizèh. L'architecte du roi Djozer, Imhotep, fit preuve d'une ingéniosité remarquable dans la conception de ce tombeau. A l'origine, les tombeaux (mastabas) étaient de forme rectangulaire. Imhotep, lui, superposa six grands mastabas de taille décroissante, créant ainsi la pyramide à degrés. Cette idée ne laissa pas insensible le roi Snéfrou (IVe dynastie) qui, plus tard, s'en inspira pour la pyramide dite «rhomboïdale» que l'on peut voir à Dahchour, au sud de Saqqarah. Les degrés furent abandonnés au profit de faces planes dont la pente change à mi-hauteur, donnant ainsi de la pyramide une impression de lourdeur maladroite. C'est Chéops, fils de Snéfrou, qui en perfectionna la forme et fit construire à Guizèh la plus impressionnante de toutes les pyramides.

Plusieurs des tombeaux qui entourent la pyramide à degrés **45** sont ornés de fresques d'une beauté exceptionnelle. Ainsi, le **mastaba de la princesse Idout** (VIᵉ dynastie) est particulièrement riche en scènes nautiques. A proximité se dresse la petite **pyramide d'Ounas** (Vᵉ dynastie) et, un peu plus loin, celles de Dahchour.

Au nord-est de la pyramide à degrés s'élève le **tombeau de Mérérouka** (VIᵉ dynastie), aux

De père en fils, le fellah *demeure l'héritier des constructeurs de pyramides. A droite: son ancêtre... sur les murs du tombeau de Kagemni.*

trente salles décorées de scènes de chasse et de pêche. Le détail en est si précis que les zoologistes les ont utilisées pour étudier la faune de l'ancienne Egypte. Tout près, le **tombeau de Kagemni** (VIe dynastie) contient des fresques polychromes d'une égale beauté, mais dont l'éclat est encore mieux préservé.

Une courte promenade au nord-ouest de la pyramide à degrés conduit à l'auberge (Rest-House) qui porte le nom d'Auguste Mariette, l'égyptologue français qui découvrit quantité de monuments de l'endroit. De là, les chameliers vous emmèneront à travers le désert jusqu'au **mastaba de Ti** (Ve dynastie). Enseveli sous les sables pendant 4500 ans, ce merveilleux tombeau a été découvert par Mariette. Ti, haut dignitaire à la cour de plusieurs pharaons, sélectionna les artistes et les artisans les plus réputés pour décorer son tombeau au raffinement exquis.

Au nord de cette tombe, le **Sérapéum,** sépulture des Apis (taureaux sacrés), également découvert par Mariette vers 1850, a son origine dans la période la plus reculée de la civilisation égyptienne.

Sur le chemin du retour (au Caire), vous passerez par les ruines de **Memphis,** au bord du

Nil. Les vestiges de ce qui fut la première cité d'Egypte jusqu'en 2200 av. J.-C. (fin de la VIe dynastie) ne sont guère importants: le colosse en calcaire de Ramsès II et un sphinx d'albâtre (Nouvel Empire). Une autre statue de Ramsès II, découverte ici, domine une place du Caire, près de la gare. **47**

Alexandrie

(3 millions d'habitants)

Située à 220 kilomètres du Caire, Alexandrie est reliée à la capitale par la route, le rail et les airs. Fondée par Alexandre le Grand en 332 av. J.-C., la ville eut son heure de gloire. Mais, excepté quelques souvenirs, rien ne subsiste aujourd'hui de sa grandeur passée. Les constructions modernes s'élèvent, serrées les unes contre les autres, à l'emplacement des sites antiques. Port cosmopolite au XIXᵉ siècle, Alexandrie attire essentiellement de nos jours ses vacanciers cairotes.

Un jour suffit pour voir la ville. Commencez votre visite par l'extrémité occidentale de la longue **Corniche,** appelée avenue du 26-Juillet. Cette importante artère longe le port Est. La route côtière continue de se dérouler vers l'Orient, sur 8 kilomètres, du centre-ville au palais de Montazah. A l'extrémité occidentale de la Corniche, sur la péninsule, s'élève l'ancien palais royal de Ras el-Tîn.

A l'est de ce dernier, une partie du fort de Qaït Bey (XVᵉ siècle) abrite aujourd'hui le Musée naval. Il occupe l'emplacement présumé de l'ancien phare d'Alexandrie, l'une des sept merveilles du monde dans l'Antiquité. Aujourd'hui, rien ne subsiste de ce phare grandiose dont les feux éclairaient les mers à l'époque ptolémaïque.

Au sud du fort de Qaït Bey, à quelques pas de la Corniche, s'élève la **mosquée Abou el-Abbas** (1767), l'une des plus impressionnantes d'Alexandrie. Vous vous rendrez, de là, à la

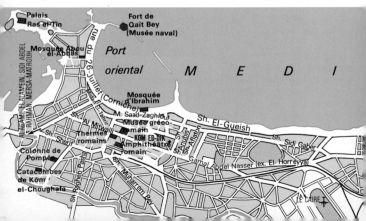

place El-Tahrir, au centre-ville. Bien qu'étant la plus vaste d'Alexandrie, elle n'a toutefois pas l'animation de sa voisine, la **place Saad-Zaghloul,** un peu plus à l'est, avec ses cafés, ses arrêts de tramways et sa gare routière.

Vous tournerez ensuite le dos à la mer pour vous rendre au **Musée gréco-romain** qui, malgré son nom, abrite aussi quantité d'antiquités pharaoniques. On compte, parmi les vestiges de la cité, le célèbre théâtre romain de Kôm ed-Dikka, dégagé en 1963, et les catacombes voisines de Kôm el-Choughafa. Celles-ci datent des Ier et IIe siècles de l'ère chrétienne et présentent un mélange inhabituel de styles pharaonique et romain. La **colonne de Pompée** n'a aucun rapport avec le général romain. Ce monument de près de 30 mètres, en granit rose d'Assouan, fut érigé au IIIe siècle de notre ère en l'honneur de l'empereur Dioclétien, soit bien après l'époque de Pompée. En poursuivant vers l'est, ne manquez pas le Musée de la joaillerie, à **Zizinia.** Autrefois palais royal, il abrite aujourd'hui les impressionnantes collections de joyaux de l'ancienne famille royale d'Egypte.

Les plages d'Alexandrie commencent en pleine ville, mais les plus belles sont situées à l'est: **Maamoura, Montazah** et **Aboukir.** Aujourd'hui, restaurants de poissons et de fruits de mer font la renommée d'Aboukir dont le nom est associé à la défaite que Nelson infligea à la flotte de Bonaparte en 1798.

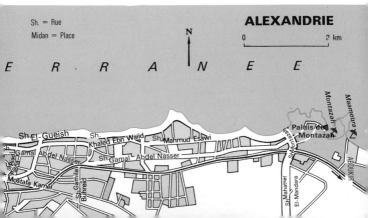

A l'ouest d'Alexandrie, le littoral, long de près de 500 km., est jalonné de stations balnéaires, toutes accessibles par les transports publics. EL-AGAMI, pratiquement englobée dans Alexandrie, est l'une des stations les plus agréables de cette côte. Au-delà se trouve EL-ALAMEIN, dont le nom entra dans l'histoire en 1942. Un musée et les cimetières témoignent de la violence des combats. A 20 km. de là, SIDI ABDEL RAHMAN possède une jolie plage et un très bon hôtel. Un peu plus à l'ouest. MERSA-MATROUH située à 185 km. d'El-Alamein, est à la fois une station balnéaire, le centre administratif de la province du Désert occidental et un port de pêche.

La route qui relie Le Caire à Alexandrie par le désert est peu fréquentée; elle permet pourtant d'accéder aux **monastères coptes** de OUADI NATROUN. A 120 km. d'Alexandrie, on prendra à droite, à la hauteur de la Rest-House, pour atteindre les monastères, à 10 km. de la grand-route.

Lorsqu'on a franchi les hauts murs d'enceinte, on est frappé par l'atmosphère de piété qui règne dans les quatre monastères de Deir Amba Bichoï (couvent rouge), Deir es-Souriâni, Deir Amba Baramos et

Deir Abou Makar. Ce dernier, autrefois le plus important de tous, devait donner à l'église copte la plupart de ses premiers pères. Depuis le IVe siècle, des moines y ont vécu en reclus. Des fouilles récentes ont mis au jour un squelette sans crâne, qui pourrait être celui de saint Jean-Baptiste (dont la tête est conservée dans la mosquée des Omeyyades, à Damas). Certaines parties des monastères sont accessibles aux visiteurs.

Le Fayoum

Situé au cœur du désert occidental, le Fayoum est une vaste zone cultivée, qu'irrigue un canal alimenté par le Nil. Du Caire, on y accède en moins de deux heures par la route.

La région du Fayoum est un pays plat aux champs fertiles et à la végétation luxuriante. La terre y est encore labourée avec des charrues tirées par des bœufs, lorsqu'elle n'est pas retournée à la houe. On voit passer sur les routes des chariots

Alexandrie, où l'Orient et l'Occident s'affrontent pacifiquement.

brinquebalants, tirés par des chevaux, et transportant de la canne à sucre, du fourrage... des passagers. Des femmes, enveloppées dans de grandes robes noires flottantes, portent sur la tête de lourds paniers en équilibre savant. Ici et là, une palmeraie offre son ombre accueillante où une pittoresque noria de bois noirci tourne en grinçant.

51

Médinet el-Fayoum, capitale de la province, compte quelque 400 000 habitants. Autrefois appelée Crocodilopolis, elle était consacrée à Sobek.

Le **Karoûn,** qui couvre une vaste superficie dans le nord du Fayoum, est un lac poissonneux, en même temps qu'un haut lieu cynégétique, en particulier pour la chasse au canard. L'ancien pavillon de chasse du roi Farouk, situé sur la rive méridionale, a été luxueusement aménagé en hôtel.

De tous les sites pharaoniques du Fayoum, celui de **Médinet Madi** est le mieux conservé; malheureusement il est difficile d'accès. On se rend plus aisément aux pyramides de Meidum, Lahoun et Hawara, mais la visite la plus commode est certainement celle du site de **Kom Oushim,** qui occupe un escarpement dominant le Fayoum; il y subsiste les vestiges de la ville ptolémaïco-romaine de Karanis. Le musée local est intéressant!

La Haute-Egypte

Tandis que la verte vallée du Nil déroule vers le sud ses méandres, l'Egypte arabe cède progressivement la place à l'Egypte africaine. Si le Delta occupe en Basse-Egypte un territoire vaste et prospère, le sol fertile de la Haute-Egypte, formé (jusqu'à la construction du haut barrage d'Assouan) par les alluvions du Nil, ne représente qu'une bande de quelques centaines de mètres de part et d'autre du fleuve. Les *fellahin* (paysans) compensent l'exiguïté des terres par une culture intensive. Un voyage dans le Sud permet de décou-

A la noble austérité des monastères coptes de Ouadi Natroun, s'oppose la luxuriance du Fayoum, cette tache verte qui mange un bout de désert.

vrir les vertes étendues des plantations de canne à sucre et de coton; on y voit des bœufs qui tirent des charrues primitives ou actionnent des norias.

Dispersés le long des rives du Nil, les vestiges de l'Egypte pharaonique se succèdent, tantôt monticules de tessons de poterie couverts de poussière, tantôt tombes splendides. Le **temple** d'Osiris, à **Abydos,** a été érigé par ordre de Séthi Ier (XIXe dynastie); il est décoré de belles fresques, difficiles à voir dans des chambres sombres au sol défoncé.

Abydos est un lieu consacré à la mémoire d'Osiris, dieu de la Terre aimé des hommes et que son frère Seth, jaloux, assassina et coupa en morceaux. N'ayant pu régner sur terre, Osiris devint roi de l'au-delà. De la cité autrefois édifiée ici en son honneur, rien ne subsiste sinon le grand temple de Séthi Ier, monument d'imposantes dimensions qui lui était consacré.

L'**Osiréion,** qui s'élève derrière le temple, est le cénotaphe de Séthi Ier; celui-ci, pour témoigner de son amour pour Osiris, fit construire ici un tombeau, ce qui ne l'empêcha pas de prendre simultanément des dispositions pour que sa véritable sépulture fût érigée dans la Vallée des Rois, à Thèbes.

Après cinq minutes de marche dans le sable, vous parviendrez aux ruines du **temple de Ramsès II;** il porte encore les traces des couleurs vives qui éclataient autrefois sur ses murs.

En poursuivant vers le sud-est, le long du fleuve, vous découvrirez un ensemble de temples: **Dendérah** (Tentyris). Quoique l'édifice le plus important en soit le temple ptolémaïque, le site lui-même était un site sacré depuis la nuit des temps. Le **mammisi* d'Auguste,** que l'on voit sur la droite après avoir dépassé le grand portail, fut érigé à l'époque romaine. Les fresques étonnantes du mur sud et de l'ensemble du temple illustrent la naissance et l'allaitement d'un dieu enfant, symbole ici du monarque égyptien. Un autre temple de la naissance, ou plus exactement de l'accouchement, le mammisi de Nectanébo (XXXe dynastie) fut construit à la fin de la période pharaonique.

Le **temple principal** de Dendérah est dédié à Hathor, mère des dieux, épouse d'Horus. Elle est souvent représentée sous les traits d'une belle femme dont la tête est surmontée d'une gra-

---

* Temple de l'accouchement.

HAUTE-EGYPTE

0   100 km

cieuse paire de cornes enserrant un disque solaire. Elle revêt parfois l'apparence d'une vache bienveillante. Les colonnes de la salle hypostyle sont coiffées de chapiteaux représentant le visage d'Hathor. La chambre des offrandes possède des colonnes semblables et des fresques qui figurent la déesse dispensant ses bienfaits.

Plus loin, les décorations du sanctuaire dépeignent les différentes phases du rituel autrefois accompli en ces lieux. Le gardien vous conduira jusqu'aux cryptes où vous pourrez voir quelques reliefs d'une facture intéressante.

Les chambres situées au-dessus du sanctuaire sont décorées de fresques décrivant le proces-

Les pharaons avaient fort à faire pour plaire aux dieux; ici, le souverain se présente à Horus, à tête de faucon, et à la divine Hathor.

sus de l'embaumement; les plafonds sont animés par la représentation de la déesse Nout, qui, pour les anciens Egyptiens, symbolisait le ciel. A l'extérieur, on verra à l'ouest le Lac sacré et, derrière le temple d'Hathor, celui, beaucoup plus petit, d'Isis, sœur et épouse d'Osiris et mère d'Horus.

Le panthéon égyptien

La religion de l'Egypte ancienne est caractérisée par la profusion et la très grande confusion de ses divinités. Une vingtaine de dieux locaux avaient entre eux, ainsi qu'avec des dieux d'autres régions, divers attributs en partage. Nul n'a jamais pu dire avec certitude ce qui revenait à l'un ou à l'autre. Tous paraissent avoir «vécu» en bonne intelligence, et les anciens Egyptiens n'ont pas, semble-t-il, éprouvé le besoin de mettre de l'ordre au sein de ce panthéon. Ci-dessous, les divinités les plus populaires:

Divinité	Apparence	Fonctions
Amon-Rê	Soleil, bélier, faucon	Le plus grand des dieux, protecteur de Thèbes
Osiris	Pharaon	Dieu des Enfers
Isis	Femme généralement coiffée d'un siège ou tenant son fils sur ses genoux	Epouse-sœur d'Osiris, mère d'Horus
Hathor	Vache, déesse cornue portant un disque solaire	Déesse de la Fertilité, de l'Amour et de la Joie
Horus	Faucon, disque solaire ailé, enfant	Dieu du Soleil, protecteur des rois; divinité à fonctions multiples
Anubis	Chacal ou chien	Dieu des cérémonies funéraires
Thoth	Ibis, babouin	Dieu de la Sagesse et du Savoir
Ptah	Homme	Protecteur des artisans et des artistes
Maât	Femme portant une plume d'autruche	Déesse de la Justice

Louxor

(60 000 habitants)

C'est des temples de Louxor et de Karnak, dans la cité de Thèbes, que rayonnèrent de l'an 2100 à l'an 750 (X^e–XXVe dynastie) la puissance et la gloire égyptienne. C'est également là que le Nouvel Empire (1570–1100) connut son heure de gloire. Tandis que la cité des morts s'étendait sur la rive occidentale du Nil, la cité des vivants prospérait entre ces deux grands temples.

Mais ces quatorze siècles de grandeur thébaine allaient connaître une fin brutale avec l'invasion assyrienne, au VIIe siècle av. J.-C.

Puis vint une époque où un regain d'intérêt pour la cité amena les égyptologues à dégager les temples thébains pour mettre au jour l'entrée des sépultures pharaoniques. Depuis,

Rien de tel qu'une croisière sur le Nil pour découvrir la Haute-Egypte.

les touristes n'ont cessé d'affluer à Louxor!

La Corniche qui longe le fleuve est bordée d'arbres; les embarcadères des navires de croisière s'y succèdent à intervalles réguliers. De gracieuses felouques sont amarrées entre les gros bateaux, prêtes à vous conduire sur la rive opposée, jusqu'à la Vallée des Rois, ou à remonter le fleuve pour vous faire découvrir la ville. Les grandes colonnes du temple de Louxor, éclairées la nuit, dominent la rive orientale du Nil; les promeneurs ne se lassent pas de passer et repasser devant cet édifice antique et grandiose.

La visite de Louxor commencera par le **Grand Temple.** C'est sous les règnes d'Aménophis III (XVIIIe dynastie) et de Ramsès II (XIXe dynastie), c'est-à-dire de 1400 à 1250, qu'ont été entreprises les étapes décisives de sa construction. Cet impressionnant monument était le cadre d'une cérémonie destinée à marquer l'année nouvelle et consacrée au dieu Amon. Celui-ci est représenté sur diverses fresques, tantôt sous son aspect de dieu du Soleil, Amon-Rê, tantôt sous celui d'Amon-Min (dieu phallique), divinité lascive et impudique.

En face du grand pylône (portail) ne s'élève plus aujourd'hui qu'un seul obélisque finement gravé; l'autre, offert par Méhémet Ali à la France en 1831, se dresse depuis lors au centre de la place de la Concorde, à Paris. La petite mosquée d'Aboul Haggag occupe la partie est de la cour de Ramsès II, derrière le pylône. Plusieurs églises se sont partagé le territoire de cette enceinte. Au-delà de la cour, une simple et gigantesque colonnade double conduit à la cour d'Aménophis III, plus ancienne.

Au premier abord, il est difficile d'imaginer que le temple de Louxor ait été un sanctuaire «mineur», mais le très impressionnant temple de Karnak (le plus grand monument de l'Egypte pharaonique) vous en convaincra. On l'atteint après un bref parcours.

Le **grand temple d'Amon** constitue en effet le principal élément d'un vaste complexe de temples, lacs sacrés, chapelles et voies triomphales bordées de sphinx, qui longeait autrefois le Nil sur près de trois kilomètres, de Karnak au temple de Louxor. Un siècle de fouilles archéologiques a permis de mettre au jour et de reconstituer un nombre important de monuments; mais prolifération des édifices telle pendant les quelques ans de grandeur thé

ces fouilles pourraient fort bien ne jamais connaître de fin.

Le grand temple de Karnak a été construit, modifié, puis agrandi selon l'humeur du pharaon régnant pendant plus de 2000 ans, de la période du Moyen Empire à l'époque romaine. La première partie visible encore aujourd'hui est la plus importante jamais construite: le **premier pylône,** le plus grand qui soit, érigé à l'époque ptolémaïque, est resté inachevé. Ses faces immenses ne furent jamais sculptées. Derrière la masse imposante de ce pylône, large de douze mètres, s'étend la **cour** ouverte, la plus vaste de toutes les cours des

temples égyptiens; sa surface représente près de 7000 mètres carrés. Situé sur la gauche après l'entrée, le temple de Séthi II (XIXe dynastie) se compose de trois chapelles jumelées. Le second temple, plus éloigné sur la droite, est l'œuvre de Ramsès III (XXe dynastie). La barque sacrée, symbole de la trajectoire parcourue par le soleil dans «l'océan céleste», occupait le centre de la cour.

Le deuxième pylône, gardé par deux statues colossales de Ramsès II, dissimule la chambre funéraire la plus extraordinaire de toute l'Antiquité: la **grande salle hypostyle** aux 134 colonnes. Les 12 colonnes qui marquent l'emplacement de la nef centrale sont plus élevées que les autres. Une quantité fabuleuse de peintures et de décorations sont visibles sur la partie haute des colonnes. Le lieu exige une halte si l'on veut apprécier justement les dimensions de cette «pièce» immense.

Le troisième pylône, situé directement derrière la grande salle hypostyle, date du règne d'Aménophis III (XVIIIe dynastie, 1400 environ). La cour étroite qui sépare le troisième pylône du quatrième contenait quatre obélisques de granit dont un seul subsiste aujourd'hui. Mais l'obélisque que la reine Hatshepsout fit élever au-delà du quatrième pylône – il y en avait deux à l'origine – le dépasse encore par la taille. Les quatrième et cinquième pylônes, érigés par Touthmôsis Ier (XVIIIe dynastie) aux envi-

Dans le temple d'Amon, les sphinx à tête de bélier montent la garde. **61**

rons de 1525, sont parmi les éléments les plus anciens du temple.

Au-delà du sixième pylône s'élève le sanctuaire de granit qui abritait les barques sacrées; derrière celui-ci s'ouvre la section la plus ancienne du grand temple, le petit sanctuaire des barques sacrées, construit au cours du Moyen Empire.

Dans cette zone en ruine où les fragments de colonnes disséminés sont envahis par l'herbe haute, la plupart des constructions qui entouraient le temple sont aujourd'hui difficiles à identifier sans l'aide d'un plan détaillé. Mais on ne peut manquer le **lac sacré** situé juste au sud du grand temple d'Amon. Lors des cérémonies qui se déroulaient ici, les barques sacrées étaient mises à

Les temples

Bien qu'il ne se trouve pas deux temples tout à fait semblables, tous ont été érigés sur un plan identique. Une porte monumentale, ou pylône, ouvrait sur une cour à ciel ouvert; un deuxième pylône commandait une seconde cour; puis il y avait une salle dite hypostyle (au plafond soutenu par des colonnes). Une autre pièce semblable venait ensuite, parfois appelée chambre des offrandes. Le sanctuaire intérieur enfin, le «Saint des Saints», était réservé aux dieux; c'est là que les prêtres accomplissaient leurs rituels mystérieux. Le plan d'un temple se présentait généralement de la façon suivante:

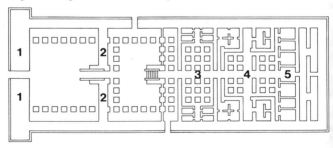

1. Premier pylône
2. Deuxième pylône
3. Salle hypostyle
4. Chambre des offrandes
5. Sanctuaire

flot; ce rituel symbolisant le voyage céleste et quotidien du soleil, Amon-Rê. A l'extrémité nord du lac, vous pourrez acheter des boissons fraîches!

Le charmant petit **musée** situé au nord de l'hôtel Etap, à Louxor, ouvre ses portes en fin d'après-midi; le visiteur prendra ses dispositions pour passer ne serait-ce qu'une demi-heure dans ce havre climatisé; à la différence de celles du Musée égyptien du Caire, les collections du musée de Louxor sont soigneusement sélectionnées et merveilleusement présentées. La statue en basalte de Touthmôsis III (n° 2) est particulièrement belle. Vous y admirerez également l'étonnant buste en grès d'Aménophis IV (n° 53). A noter aussi, le bracelet en or de la reine Nefertiti.

La principale curiosité de ce musée reste, néanmoins, le mur de «talatates», une paroi complète de dix-huit mètres sur quatre, provenant d'un temple qu'Aménophis III fit ériger à Thèbes.

Le crépuscule demeure le moment idéal pour une promenade dans la ville moderne de Louxor; les rues marchandes sont encore animées sans être surpeuplées. A la tombée du jour, il fait bon s'arrêter à la terrasse d'un café.

La nécropole thébaine

La Vallée des Rois abrite les sépultures fabuleuses de nombreux grands pharaons thébains. Mais la vallée n'est elle-même qu'une infime partie de l'immense «cité des morts» qui s'étendait à perte de vue sur la rive occidentale du Nil, à partir de Louxor. Si l'on compte les tombeaux des légions de courtisans et des membres de la famille royale, le nombre total de sépultures de cette nécropole se chiffre par centaines. D'autre part, une douzaine de temples, grands et petits, sont disséminés dans la Vallée des Rois.

Des bacs (à moteur) font la navette entre l'embarcadère du Palais d'Hiver, ou celui de l'hôtel Savoy, et la rive occidentale du Nil. L'horaire des traversées va de 6 h. à 18 h. sans interruption de mi-journée. Le billet de retour doit être acheté directement à bord, au moment de l'embarquement sur la rive orientale. C'est près de la guérite que stationnent en permanence les taxis et les ânes à louer.

Partant du quai, une route coupe à travers les étendues irriguées, couvertes de cultures luxuriantes. Après avoir parcouru un peu plus de deux kilomètres en direction de la montagne, on voit émerger de **63** la brume de chaleur qui couvre les champs deux gigantesques silhouettes assises: ce sont les célèbres **colosses de Memnon.** Le temple qui les abritait a dû être détruit, il y a fort longtemps, par un tremblement de terre. Mais ces deux figures assises du pharaon Aménophis III demeurent, plus de 3000 ans après sa mort, le témoignage le plus convaincant de la grandeur de ce souverain.

A l'ouest s'élève un ensemble de temples désigné sous le nom arabe de **Médinet Habou.** Un mur de brique crue en ruine entoure deux temples qui se présentent comme une enfilade infinie de pylônes. La construction du premier temple date de l'époque d'Aménophis Ier (XVIIIe dynastie). La comparaison de ce petit édifice gracieux avec celui, bien plus vaste, de Ramsès III (XXe dynastie) – qui vécut 350 ans après Aménophis Ier – est très révélatrice. Si le temple de Ramsès fut construit d'une traite et si ses dimensions sont impressionnantes, il est malgré tout bien moins séduisant. Prêtez attention à la facture des reliefs: leur gravure profonde qui vise à en accentuer l'effet spectaculaire, présente par là même une certaine grossièreté. Le temple de Ramsès III fut construit sur un plan de type classique; il comptait néanmoins trois salles hypostyles. La polychromie y a survécu dans des proportions tout à fait inhabituelles.

Depuis Médinet Habou, une route conduit directement à la **Vallée des Reines.** Près de 80 tombeaux ont ici abrité les dépouilles d'épouses et d'enfants royaux; mais seulement un petit nombre d'entre eux a résisté aux ravages du temps. Un tombeau au moins mérite d'être visité; le n° 55, celui du prince Amon her-Khopechef (fils de Ramsès III, XXe dynastie), conserve de très belles fresques, aux bleus et aux jaunes étonnamment lumineux. Les tombeaux du prince Khamouast et de la reine Thiti (n° 44 et 52) sont également ouverts au public. La plus belle des tombes (n° 66), celle de la reine Néfertari, femme de Ramsès II, est fermée pour cause de dégâts dûs à des dépôts de sel.

Quittant la Vallée des Reines et revenant sur vos pas, vous prendrez la première route à gauche pour atteindre la nécropole de **Deir el-Médineh.** Des centaines de sépultures mises au jour à l'intérieur et aux alentours du village actuel, le tombeau n° 1 présente un intérêt considérable. Il appartenait à Sennedjem, haut fonction-

64

Contrairement à la plupart des monuments de cette région, les fameux colosses de Memnon «trônent» au milieu des terres cultivées.

naire de la nécropole (XIXᵉ dynastie); les couleurs des fresques (scènes religieuses) qui le décorent sont restées d'une fraîcheur surprenante. Le tombeau nº 359, celui d'Inherkha (XXᵉ dynastie), tout proche du tombeau nº 1, est décoré de fresques qui mettent en scène de ravissantes déesses aux yeux immenses.

Si les rois de la XIXᵉ dynastie étaient des constructeurs ambitieux, aucun ne surpassa sur ce plan Ramsès II (1304–1237), dont les monuments im-posants sont dispersés d'un bout à l'autre du pays. Son tombeau de la Vallée des Rois déçoit quelque peu, mais le temple funéraire qu'il fit ériger à sa propre mémoire, à la lisière des terres cultivées, est aujourd'hui encore une réalisation architecturale d'une audace incomparable; il porte le nom de **Ramesseum.** Rassemblant jadis palais, temples et magasins, il n'est plus aujourd'hui que ruines. Cependant, les dimensions du temple et les statues nombreuses et gigan- **65**

breux blocs de pierre éparpillés sur le sol constituaient à l'origine un colosse assis de plus de 17 mètres de haut. Il pesait près de mille tonnes!

Derrière le Ramesseum, à flanc de colline, la nécropole et le village de **Cheikh Abd el-Gournah.** Tous les tombeaux qui méritent d'être visités datent de la XVIIIe dynastie. Comme ils ne sont pas très vastes, l'attente, pour les visiter, peut être longue. Dans les plus petits d'entre eux, l'admission est parfois limitée pour protéger les peintures. De temps en temps, l'un ou l'autre est fermé pour restauration.

Le **tombeau de Nakht** (no 52), astronome attaché au temple d'Amon, est exigu; mais ses fresques décrivent avec une profusion de détails étonnante l'abondance des récoltes et la fertilité des terres arrosées par le Nil. Tout près, dans la **tombe de Menna** (no 69), les couleurs sont également très belles, mais que les reflets créés par le jeu des miroirs et des vitres protectrices contribuent à en atténuer l'éclat. Le **tombeau de Sennéfer** (no 96) se situe un peu à l'écart, à mi-hauteur de la colline. L'entrée, au bas d'un escalier très raide, en est étroite, mais l'effort trouve sa récompense dans les pein-

tesques à l'image de Ramsès restent impressionnantes. Les ruines se présentent de telle manière que l'on pénètre directement dans la deuxième cour, après avoir dépassé, sur la gauche, quatre piliers-statues du pharaon, représenté sous les traits d'Osiris. Au-delà de ces sculptures, de nom-

tures merveilleusement préservées et le décor de vigne du plafond inégal.

Le **tombeau de Rekhmara** (n° 100) est digne du gouverneur de la ville de Thèbes. Les fresques montrent des ambassadeurs étrangers apportant des cadeaux: girafes, léopards, babouins, ivoire, ébène, joyaux, vases, pièces d'orfèvrerie. D'au-

tres peintures décrivent des scènes de la vie quotidienne à Thèbes.

Le **tombeau de Ramose** (n° 55), bien qu'inachevé, est aussi impressionnant que celui de Rekhmara. Les travaux de construction durent être abandonnés en raison des bouleversements religieux imposés par le pharaon régnant, Amé-

Le jeu du soleil transmis par d'astucieux miroirs vous permettra d'admirer l'éclat des fresques ornant les tombeaux de la nécropole.

nophis IV (Akhenaton). Les bas-reliefs qui décorent ce tombeau sont d'une beauté exceptionnelle. Des jeunes filles aux traits délicats et aux cheveux soigneusement tressés y ont été sculptées avec beaucoup de soin, mais le travail fut délaissé à ce stade. Le caractère de l'œuvre tient donc plus de la gravure que de la fresque. Quelques silhouettes sont cernées de noir, première étape du procédé pictural, et le contraste ainsi obtenu est d'une grâce remarquable.

Pour découvrir un aspect encore différent de l'art déployé par les artistes thébains, on cherchera le **tombeau de Khâemhat**, le n° 57, qui, contrairement à l'habitude, abrite encore des représentations sculptées de son propriétaire et de sa famille. Toute proche, la tombe d'Ousirhat, n° 56, mérite une visite.

La puissance artistique caractéristique de la XVIIIᵉ dynastie apparaît avec une netteté plus frappante encore dans les temples de **Deir el-Bahari,** à l'ouest de la route principale. L'histoire de la reine Hatshepsout, à laquelle un des temples était originellement destiné, est des plus fascinantes. Lorsqu'un pharaon n'avait pas d'héritier légitime, il proposait souvent l'un de ses bâtards qu'il mariait

à l'une de ses filles légitimes. Tel fut le destin de Touthmôsis Iᵉʳ, bâtard d'Aménophis Iᵉʳ. Mais Touthmôsis et son épouse Ahmôsis furent à leur tour confrontés au même problème. Touthmôsis II fut par conséquent choisi parmi les nombreux bâtards de Touthmôsis Iᵉʳ et marié à Hatshepsout, princesse de sang royal. Ils n'eurent que des filles! Touthmôsis II mourut en 1505; son fils illégitime, Touthmôsis III, fut désigné pour lui succéder, mais le nouveau roi n'était encore qu'un enfant et c'est la reine Hatshepsout, sa belle-mère, qui assuma la régence. Elle exerça un pouvoir sans partage pendant vingt-deux ans. Elle prit l'habitude d'arborer le sceptre (crosse) et le fléau, symboles de l'autorité du pharaon, et alla jusqu'à s'habiller et se comporter en homme, portant même lors des cérémonies la barbe symbolique traditionnelle. Ce n'est qu'à sa mort que Touthmôsis III put enfin accéder à la place qui lui revenait de droit. Son règne brillant dura jusqu'en 1450.

Le **temple d'Hatshepsout** est unique en son genre. Construit en terrasses, et formidable par ses dimensions, il présente une façade aux puissantes colonnes qui se confondent avec le flanc cannelé de la montagne, en arrière-plan. Hathor est la déesse honorée en ce lieu et nombre de fresques la représentent sous sa forme de vache sacrée. Les salles situées immédiatement derrière la colonnade de la seconde terrasse contiennent des peintures fort bien conservées. Le plafond de la chapelle d'Hathor, à l'extrémité sud-ouest (gauche), est bleu, constellé d'étoiles, à l'instar du ciel égyptien.

Sur la route qui conduit à la fameuse Vallée des Rois, ne manquez pas de faire une halte à **Gournah** pour visiter le temple funéraire de Séthi Ier (XIXe dynastie), père de Ramsès II. Rien, ou presque, ne subsiste des deux premiers pylônes et des premières cours du temple, mais la salle hypostyle abonde en scènes représentant Séthi Ier et Ramsès II, son fils doué d'ubiquité, qui portent des offrandes à Amon, le grand dieu de Thèbes.

Les hiéroglyphes

A l'époque où la Haute et la Basse-Egypte furent réunies sous un même souverain, au IIIe millénaire av. J.-C., les Egyptiens avaient déjà mis au point un système scriptural composé de 24 pictogrammes, qui leur faisait office d'alphabet. Au cours des siècles, les prêtres des grands temples et les scribes allongèrent cet alphabet de quelque 700 signes. L'écriture, devenue idéographique, ne fut plus désormais compréhensible que pour eux seuls; de ce fait, elle allait tomber en désuétude dès la fin du IVe siècle.

L'écriture hiéroglyphique est restée mystérieuse jusqu'au jour où Champollion en révéla la clé, grâce à la fameuse pierre de Rosette qui avait été découverte en 1789 par un officier de l'armée de Bonaparte. On apprit alors que les hiéroglyphes se déchiffrent aussi bien de droite à gauche, que de gauche à droite et de haut en bas.

Rois et reines faisaient inscrire leurs noms sur des «cartouches». Ci-dessous, les cartouches de Cléopâtre et de Ptolémée, qui sont visibles dans de nombreux temples et tombeaux.

Cléopâtre

Ptolémée

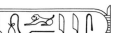

La Vallée des Rois

La rive occidentale du Nil, rive du soleil couchant, à partir de laquelle Rê amorce sa course nocturne vers l'Hadès, fut le lieu de repos éternel de prédilection des pharaons des XVIIIe, XIXe et XXe dynasties. C'est dans une petite vallée austère et pierreuse qu'ils ont, pendant près de six cents ans, choisi d'établir leurs nécropoles. Meubles et costumes, statues «momiformes» ou figures gravées destinées à tenir le rôle de servantes et de concubines, aliments et boissons de toute sorte accompagnaient le défunt. Les voyageurs royaux de l'au-delà possédaient même un «Livre de Passage» décrivant de façon détaillée les dangers du «périple» céleste. Au terme du voyage, le défunt recontrait le divin Osiris qui, assisté d'Anubis et de Thoth, dieux de la Momification et de la Sagesse, passait en jugement le nouveau venu: le cœur du pharaon était pesé dans une balance dont le contrepoids était une plume; lorsque la balance ne penchait pas sous le poids du péché, le pharaon était admis au pays d'Osiris.

L'austérité de la pierre cache des décors d'une incroyable richesse.

Dès son accession au trône, le souverain se donnait pour tâche première de faire exécuter son tombeau. Mais de nombreux monarques succombaient avant l'achèvement de leur sépulture. Ils y étaient alors immédiatement «mis sous scellés», tandis que les meilleurs artistes et décorateurs du royaume attaquaient les travaux de la sépulture royale suivante. Malgré la vigilance déployée au cours des siècles pour garder ces tombeaux –

l'entrée cachée restant ignorée de la plupart des vivants –, l'ingéniosité des profanateurs de tombes devait finalement avoir raison du secret. Seul, un cénotaphe fut épargné: celui de Toutankhamon, découvert en 1922.

Remontant l'allée de gravier crissant qui conduit à la Rest-House, on verra se dresser la **tombe de Toutankhamon** (n° 62). Il s'agit d'un tombeau de dimensions modestes; le monarque ayant succombé à un

âge précoce, il y fut rapidement inhumé, avant l'achèvement des travaux. La somptuosité dont témoigne la sépulture de ce petit souverain donne à penser que les trésors spoliés des autres tombeaux de cette vallée austère furent d'une incalculable richesse.

Les parois du petit tombeau en pierre de Toutankhamon sont décorées de singes sacrés à l'air menaçant; quatre vierges gracieuses, sculptées sur le sarcophage, devaient le protéger. Dans le sarcophage, un cercueil doré renferme la momie du souverain; le cercueil intérieur, en or massif, est aujourd'hui au Musée égyptien du Caire (voir p. 39).

Sans doute le **tombeau de Séthi Ier** (n° 17) est-il le plus beau de la Vallée des Rois; il est situé au sud de la Rest-House. Les fresques des chambres et des corridors en pente demeurent d'une beauté et d'une fraîcheur éclatantes, bien qu'elles aient plus de 3000 ans d'âge. La chambre la plus basse contenait autrefois le sarcophage du souverain, en albâtre massif, aujourd'hui propriété de la collection Soane de Londres. La voûte de la salle du sarcophage, peinte en bleu, représente le ciel, le panthéon égyptien et des animaux dispersés parmi les étoiles.

Revenez sur vos pas par le sentier qui conduit au tombeau de Séthi Ier, et restez sur la gauche pour rejoindre, non loin de là, le **tombeau de Ramsès III** (n° 11). La porte d'entrée, surmontée d'un magnifique disque en or jaune, s'ouvre sur un corridor sur lequel donnent quantités de petites chambres latérales décorées d'illustrations insolites et intéressantes; celles-ci illustrent les métiers, les travaux des champs et des scènes de la vie quotidienne en Egypte. La fresque qui représente deux harpistes chantant devant les dieux les louanges de Ramsès III est à l'origine du surnom de «tombeau des harpistes» que porte cette sépulture.

Le **tombeau d'Horemheb** (n° 57) est situé à quelques pas à l'ouest du précédent. Les peintures présentent ici un intérêt tout à fait exceptionnel; exécutées sur fond sombre, elles se détachent de l'arrière-plan de façon saisissante. Dans la dernière chambre, les artistes avaient à peine achevé les esquisses préliminaires (en rouge), qu'Horemheb abandonna ce monde pour la terre d'Osiris.

Le «Livre de Passage» peint sur les parois décrit les phases du voyage de Pharaon dans l'au-delà.

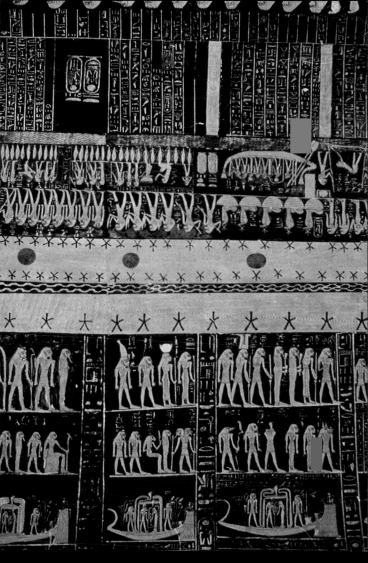

Quittant le tombeau d'Horemheb, on suivra jusqu'au bout le sentier occidental, situé à main droite, pour parvenir au **tombeau d'Aménophis II** (n° 35). Les parois de cette sépulture sont décorées de dessins au trait sur fond jaune, exécutés avec une très grande finesse, tandis que le plafond, bleu nuit, est couvert d'étoiles. Le sarcophage du monarque, magnifiquement travaillé, est toujours à sa place.

Il faut gravir un sentier étroit, emprunter une échelle de fer et descendre un nouvel escalier avant de parvenir, par un minuscule corridor, au **tombeau de Touthmôsis III** (n° 34).

Ce sanctuaire est le plus éloigné de la Rest-House (vers le sud). La décoration murale en est très simple et les couleurs furent ici utilisées avec une extrême économie de moyens; le résultat n'en est pas moins du meilleur effet.

A ce jour, soixante-deux tombeaux ont été mis au jour dans la Vallée des Rois, dont une trentaine généralement ouverte au public. Les travaux de reconstitution et de restauration étant toujours en cours, on ne s'étonnera pas de trouver l'un ou l'autre caveau provisoirement fermé.

Après la visite des tombeaux, reposez-vous à la Rest-House.

*Face à tant de beautés grandioses – ici le temple d'Horus, à Edfou –,
comment ne pas partager son émotion avec qui aime les vieilles pierres.*

De Louxor à Assouan

On remontera le fleuve jusqu'à
Esnèh (Esna), à 60 kilomètres
au sud de Louxor, où s'élève
un **temple** dédié à Khnoum, le
dieu qui créa l'Humanité en la
pétrissant dans le limon. Des
siècles de vie quotidienne ont
fini par exhausser en ce lieu le
niveau du sol, de sorte qu'à
présent, le temple se situe au-
dessous de celui la rue. Le sable et les débris qui ont obstrué
complétement le volume du
temple pendant des siècles,
ont, en quelque sorte, épargné à celui-ci les outrages du
temps. Des fouilles permirent
de mettre au jour la salle
hypostyle d'un sanctuaire
dont l'origine remonte à la
XVIIIe dynastie et qui fut entièrement reconstruit à l'épo-
que ptolémaïque et romaine,
au moment où l'art décoratif
égyptien était sur son déclin.

A mi-chemin entre Louxor
et Assouan, la petite ville d'**Edfou** abrite le temple le mieux
conservé de toute l'Egypte.
C'est en particulier à son
achèvement très tardif – quel-

ques décennies seulement avant l'avènement d'Antoine et Cléopâtre – que le temple doit d'être si bien préservé. De la rive du Nil, une calèche vous conduira en cinq minutes jusqu'à l'enceinte du temple.

Dédié au dieu polymorphe du soleil et des astres, le **temple d'Horus** présente un pylône immense, presque aussi important que celui de Karnak. La cour du sanctuaire est bordée de 38 colonnes. Une très belle statue d'Horus en granit (un faucon) monte la garde en avant de l'entrée de la première salle hypostyle. Partout des hiéroglyphes représentent les offrandes faites au dieu. Au cœur du sanctuaire, le *naos*, un bloc de granit haut de quatre mètres, est précédé d'un autre monolithe destiné à supporter la barque sacrée. Une copie de cette barque est exposée dans une salle située juste derrière le sanctuaire. Autour de ce dernier, une série de petites chambres, éclairées uniquement par de minuscules fenêtres percées dans la pierre, étaient vouées à certains rites – une disposition rare dans des temples généralement à ciel ouvert.

A proximité de l'entrée du temple, un petit restaurant offre l'agrément de pouvoir se désaltérer à la fraîche.

Remontant le Nil, on parviendra à Kom Ombo et son temple qui domine la rive orientale et dont la vision vous réservera une agréable surprise. Unique dans le pays, le **temple de Kom Ombo** est dédié à deux divinités: Sobek, le dieu-crocodile, et Haroéris à tête de faucon. Le premier temple fut construit sous la XVIIIe dynastie, mais pratiquement tout ce qui subsiste date du règne des Ptolémées, soit des trois siècles qui ont précédé l'ère chrétienne.

Tout ici se présente par deux: des portes doubles conduisent à la grande cour et, une fois dépassées les deux salles hypostyles, on accède à un double sanctuaire. Pour faire revivre le passé, efforcez-vous d'imaginer des portes en bois massif, des murs, colonnes et arches vivement colorés qui soutiendraient encore des plafonds propres à créer une pénombre mystérieuse.

Sur la droite de l'entrée du temple s'élève la petite chapelle d'Hathor; elle renferme encore quelques momies de crocodiles dédiés au dieu

Le temple de Kom Ombo a la particularité d'être consacré à deux divinités: Sobek et Haroéris.

Sobek. Au nord de la cour du temple, un escalier de pierre en spirale descend jusqu'au nilomètre situé au fond d'un puits circulaire.

Ce village assoupi n'en attend pas moins le visiteur. Et partout des merveilles architecturales...

Assouan

La ville d'Assouan (200 000 habitants) fut tirée de son sommeil millénaire au cours des années 1960 par l'édification d'un gigantesque ouvrage: le haut barrage (Sad el-Aali) réalisé et terminé en 1972 par une équipe d'ingénieurs soviétiques à la tête de 35 000 ouvriers. Les

changements introduits simultanément par l'électricité et le contrôle scientifique des crues du fleuve allaient profondément modifier l'économie et l'agriculture nationales. Si toutes les conséquences de la construction n'ont pas pu jusqu'ici être appréciées – comme commencent à le craindre aujourd'hui les écologistes –, tous sont unanimes: les bénéfices de l'entreprise sont sans commune mesure avec ses inconvénients.

Assouan est devenue un centre industriel; on y transforme les métaux (fer et acier), on y produit des engrais chimiques, on y raffine du sucre. La ville a cependant conservé le charme

qui lui valut d'être un lieu de villégiature. Des felouques aux voiles blanches, tels de grands oiseaux aquatiques, glissent, rapides, sur les eaux du Nil. Des calèches stationnent en permanence près des hôtels, prêtes à vous emmener faire une promenade parmi les eucalyptus, les citronniers et les palmiers. C'est à l'aurore que les collines dorées du désert sont les plus belles, au moment où le gazouillis des oiseaux annonce le jour.

Le **haut barrage d'Assouan,** à 10 kilomètres de la ville, mérite une visite; on s'y rendra en taxi. Du monument commémorant la coopération égypto-soviétique, une fleur de lotus, on jouit d'une vue très intéressante sur l'ensemble architectural et le lac Nasser; ce lac artificiel s'étend sur plus de 500 kilomètres au sud et, dépassant la frontière égyptienne, jusqu'au Soudan.

C'est l'extraction de la roche qui, à l'époque pharaonique, valut gloire et richesse à Assouan. En effet, le beau granit rouge dans lequel on a taillé les obélisques provient de cette ville; du centre, un taxi vous conduira en quelques minutes aux carrières. Un gigantesque **obélisque inachevé,** brisé lors de la taille et abandonné là, indique très clairement la façon dont ces monuments splendides étaient arrachés au sol et ultérieurement polis jusqu'à présenter le lustre du verre.

C'est à Assouan qu'il faudra louer une felouque pour atteindre la rive occidentale du Nil et se rendre aux îles. Sur l'**île Eléphantine,** la plus grande, sont dispersés les vestiges du temple de Khnoum; cet édifice a été remanié par plusieurs pharaons, jusqu'à l'époque ptolémaïque et romaine. Le musée d'Assouan, qu'abrite une villa du début du siècle, est situé à proximité des ruines. Les marches taillées à même le roc, au-dessous de la villa, descendent jusqu'au nilomètre où d'élégants indicateurs de niveau exécutés en marbre sont encore visibles.

L'**île Kitchener** voisine (ou île aux Fleurs) est aujourd'hui un jardin botanique. C'est, de tous les lieux de promenade d'Assouan, l'un des plus agréables qui soient. A l'extrémité méridionale de l'île, une étonnante cacophonie annonce à distance l'existence d'un centre de recherches sur les canards.

Sur les collines qui jalonnent la rive occidentale du Nil s'élève le **mausolée de l'Aga Khan** (1877–1957), chef des musulmans de la secte des ismaïliens. Il s'était fait construire une villa à Assouan, juste au-dessous du mausolée où il repose maintenant. Partant du mausolée, un sentier sinueux mène à travers le désert jusqu'aux ruines du **monastère de Saint-Siméon,** une construction du VIIe siècle.

Au nord d'Assouan, sur la rive occidentale, s'étend un village nubien caractéristique; la vie y coule avec la lenteur d'un autre siècle. Des jeunes filles vont remplir de lourds seaux dans un canal voisin, et dans les rues encombrées de canards, d'ânes et de chèvres, des gamins endiablés jouent au football.

Au-dessus du village, les tombeaux de hauts dignitaires locaux ont été creusés à même le rocher et comportent d'intéressants fragments d'éléments ornementaux.

La mieux préservée et la mieux décorée des sépultures de l'endroit est celle de Sirenpout Ier (XIIe dynastie). C'est la momie de dame Sirenpout qui accueille le visiteur, du regard froid de ses orbites creuses, dans la pénombre du tombeau. Avec quelques bons acteurs, et une équipe de cameramen, ces tombeaux feraient, sans accessoires complémentaires, un cadre parfait pour film d'horreur. Effroi mis à part, ce sont là parmi les plus anciens tombeaux d'Egypte et la visite de cette nécropole offre, en outre, une belle vue sur la ville et sur le Nil.

Assouan possède également ses grands temples pharaoniques. Menacés de destruction au moment de la construction du haut barrage, ces temples furent (du moins les plus importants d'entre eux) reconstitués en des lieux plus sûrs.

Les célèbres **temples de Philae** forment un cas d'espèce. Avant la construction du premier barrage d'Assouan, vers 1900, ces temples figuraient parmi les sites les plus imposants d'Egypte. Partiellement submergés par les travaux, ils furent menacés d'engloutissement total par la réalisation du second barrage. Un effort d'envergure internationale fut entrepris, à l'instigation de l'UNESCO, grâce auquel les temples sont aujourd'hui reconstruits sur l'île d'Agilkia, à 300 mètres au nord de leur site d'origine.

Le **grand temple d'Isis,** qui date du début de notre ère environ, est l'un des sanctuaires les plus imposants et les plus remarquables de l'île. Son grand pylône comporte, comme c'est souvent l'usage, un escalier secret; malheureusement, celui-ci est inaccessible au public.

Vous vous ferez ensuite conduire à un autre embarcadère, d'où vous irez visiter les **temples de Kalabchèh,** autrefois situés à quelque 50 kilomètres au sud d'Assouan. Les monuments ont été remontés ici grâce à l'aide financière du gouvernement d'Allemagne fédérale. Le plus grand de tous est celui de **Mandoulis,** temple égyptien classique construit à l'époque romaine. A gauche de l'entrée de celui-ci, le joli petit **kiosque de Kertassi** possède des chapiteaux qui figurent le visage d'Hathor. Derrière le temple de Mandoulis, se trouve celui de **Beit el'Ouali** («La maison du Saint»), déplacé grâce à des fonds américains. Les parois de ce sanctuaire sont décorées de scènes militaires évoquant les victoires de Ramsès II sur les peuples de l'Asie, sur les Syriens, sur les Libyens et autres ennemis.

Abou-Simbel

Parmi les grandes révélations que réserve l'Egypte au visiteur, il n'en est pas qui soit plus émouvante que celle qui l'attend face aux quatre statues colossales de Ramsès II à Abou-Simbel. On passera, si possible, la nuit sur place et l'on assistera au lever du soleil qui illumine la façade du temple et pénètre dans le sanctuaire, jusqu'au Saint des Saints.

Ici, aux confins de la Haute-Egypte, Ramsès II fit construire un temple en son honneur, en celui de Harmakhis (le gardien des portes de l'au-delà), d'Amon-Rê (dieu du Soleil) et de Ptah (dieu de la Création). Les **quatres figures colossales,** d'une hauteur de 20 mètres, sont toutes à l'effigie du pharaon. Son épouse et ses filles sont agenouillées à ses pieds. Admirez, au-dessus du portail, la figure en haut-relief d'Amon-Rê. Une rangée de cynocéphales (symboles de la Sagesse), assis, décore la corniche supérieure de la façade. Des statues colossales, représentant Osiris sous les traits de Ramsès II, sont adossées à l'intérieur du **temple.** A maints endroits, les reliefs montrent les offrandes généreuses faites aux dieux, les campagnes militaires couronnées de succès, le sort impitoyable réservé aux captifs. Au plus profond du sanctuaire, quatre statues taillées à même le roc: Ramsès II et les trois divinités auxquelles le temple était consacré. A la perfection des réalisations de Ramsès font écho les grands travaux de restauration projetés, à l'instigation de l'UNESCO, par une société suédoise entre 1968 et 1972. A droite de la façade, un passage conduit à l'intérieur de la montagne artificielle édifiée

Les statues monumentales à l'image de Ramsès II gardent Abou-Simbel.

pour abriter le temple. Des tableaux et grahiques racontent (en anglais seulement) l'histoire du déplacement du temple.

Le gardien, portant le gigantesque *ankh* (symbole de Vie) qui est la clé du sanctuaire, vous laissera entrer dans le petit **temple d'Hathor.** Quatre des statues de la façade figurent Ramsès II, tandis que les deux autres représentent son épouse, la reine Nefertari, sous l'aspect de la déesse Hathor. La décoration intérieure est essentiellement consacrée aux éléments féminins du panthéon égyptien, mais comme cela était prévisible, Ramsès II y est également présent. Hathor, sous les traits d'une vache bienveillante, règne dans les profondeurs du temple.

Tous ceux qui arrivent en ce lieu envoûtant, situé à plus de mille kilomètres du bruit et de la fureur du Caire, contempleront avec bonheur le lac Nasser, mer intérieure paisible au milieu du désert sans âge. **83**

Que faire

Les achats

Au Caire, la **rue Khan el-Khali-li** est célèbre dans le monde entier pour ses innombrables bazars où sont accumulés des objets faits à la main, anciens ou modernes, simples ou sophistiqués. Là, comme ailleurs, il vous faudra marchander, mais vos efforts seront récompensés par une baisse étonnante du prix initial. Il est inutile de se faire accompagner par un guide ou un interprète, car bien entendu, c'est vous qui feriez les frais de la petite commission dont celui-ci se verrait gratifié.

Nous indiquons ci-après un certain nombre d'articles qui méritent d'être achetés en Egypte et que l'on trouvera notamment dans Khan el-Khalili, ainsi que dans les magasins et bazars pour touristes des autres villes:

Albâtre: cette pierre, qui provient de la vallée du Nil, est travaillée à Louxor, entre autres villes. Statuettes, boîtes à cigarettes, vases, etc., le choix ne manque pas.

Antiquités: l'achat en Egyp-te de bijoux et d'objets de

l'époque pharaonique, naguère possible, est maintenant interdit par la loi. Si vous êtes pris à l'aéroport, porteurs de telles antiquités, vous encourrez des peines sévères. En revanche, les copies abondent, qui font de très plaisants souvenirs – à la condition que le prix n'en soit pas abusif.

Articles en bois: ceux d'Egypte sont parmi les plus beaux du monde. Moucharabiehs, écrans et paravents se vendent à des prix raisonnables; seul le transport risque de vous poser des problèmes. Si vous manquez de place, achetez plutôt une petite boîte en bois de cèdre ou de santal incrusté d'ivoire ou de nacre et d'ébène. Au cas où, par chan-

Qu'il s'agisse d'antiquités ou d'objets artisanaux, prenez le temps de fouiner et, surtout, de bien marchander avant de prendre une décision.

bonne finition de l'article. Certains bazars vendent des selles pour chameaux, bien difficiles à trouver hors d'Egypte. Cependant, avant de faire cet achat, demandez-vous si votre chameau a réellement besoin d'une nouvelle selle...

Bijoux: les bijoux en or et en argent sont souvent vendus au poids, leur prix variant légèrement selon la finesse de l'exécution. Reproductions de parures pharaoniques, bijoux arabes ou d'inspiration contemporaine, le choix est grand. Les pierres précieuses et semi-précieuses sont également vendues au poids à des prix avantageux. Mais, avant de vous décider, faites le tour des échoppes.

Cotonnades: le coton égyptien, aux fibres longues, est l'un des premiers du monde. C'est sur le commerce de cette matière que Méhémet Ali a établi son pouvoir. Des chemises à vos mesures sont exécutées en quelques jours, concurrencées, bien entendu, par le prêt-à-porter. Les *gallabiyas*, longues robes égyptiennes amples et confortables, conviennent tant aux hommes qu'aux femmes.

Cuivre et laiton: on entend tinter, d'un bout à l'autre de la rue Khan el-Khalili, les marteaux des orfèvres sur cuivre. Les objets les plus anciens sont

ce, votre valise ne serait pas pleine à craquer, offrez-vous un échiquier incrusté ou même une petite table.

Articles en cuir: les sacoches et les sacs à main sont vendus à des prix relativement bas, d'autant plus intéressants que l'on sait marchander; avant d'acheter, s'assurer toutefois de la

les plateaux, les services à café (pour café turc) et les samovars. A noter que les articles plus récents, exécutés dans les mêmes matériaux, sont souvent moins chers et tout aussi séduisants. (Graver des arabesques sur un petit plateau en cuivre demande environ une journée et demi.)

Le méticuleux travail du cuivre n'est pas le seul spectacle de Khan el-Khalili; peut-être y découvrirez-vous de quoi vous faire faire une chemise.

Tapisseries: les motifs séduisants exécutés par les enfants de El-Harraniye (village sis entre Guizèh et Saqqarah) peuvent constituer de belles décorations murales ou d'élégants tapis de table. Les formats sont variables mais ce sont généralement les couleurs et les motifs qui détermineront votre choix.

Les rythmes nubiens annoncent l'Afrique noire. Au jeu El-Tahtib, la victoire est au plus attentif.

Le folklore et les fêtes

Les fêtes font sortir tous les Egyptiens dans la rue; on les voit alors défiler en longues processions, se promener le long du Nil, envahir parcs et jardins. Les foules s'amassent autour des bateleurs: lutteurs, danseurs et chanteurs.

Les Egyptiens ont une prédilection pour une sorte de combat qu'ils appellent *El-Tahtib:* deux hommes se font face à l'intérieur d'un cercle, chacun

brandissant un bâton au-dessus de sa tête; chaque combattant, sur le qui-vive, attend l'occasion de toucher l'adversaire. Un quart de seconde d'inattention et c'est chose faite; cependant, d'une façon générale, l'assailli a le temps de parer aux coups et les deux armes se rencontrent avec fracas, tandis que s'engagent les paris. Lorsque les deux adversaires sont de force égale, le spectacle de l'El-Tahtib se présente tel un rituel gracieux et lent. Si, par contre, un vieux maître a pour adversaire un jeune homme impulsif et inexpérimenté, on entend pleuvoir les coups dru et serré. Ici, force et agilité ont moins de prix qu'expérience et vigilance, et le vieil homme finit toujours par apprendre quelques bonnes passes au novice.

Le folklore et la musique de Haute-Egypte diffèrent énormément du folklore arabe du Caire et du Delta. Les Nubiens ont un langage qui leur est pro-

pre et leur musique traditionnelle frappe par ses accents orientaux.

Les Egyptiens célèbrent toutes les grandes fêtes islamiques traditionnelles (voir pp. 117–118). Cham en-Nessim, la fête du Printemps, a lieu le lundi qui suit la Pâque copte. «Celui qui respire le premier zéphir du printemps», dit la légende, «jouira d'une bonne santé d'un bout à l'autre de l'année»; aussi tous les Egyptiens sont-ils dehors ce jour-là. Mouled en-Nabi, jour anniversaire de la naissance du Prophète, est aussi une fête importante; à cette occasion, une gigantesque procession défile à travers les rues du Caire, tandis que des manifestations semblables – mais plus modestes – se déroulent dans les autres villes égyptiennes.

Le Ramadan est une période de 30 jours correspondant au neuvième mois du calendrier lunaire musulman. Pendant ce temps, les musulmans pratiquants observent un jeûne rigoureux du lever au coucher du soleil. La règle est stricte: ni aliment, ni boisson, ni tabac, ni même le droit de lécher un timbre-poste dès le point du jour. En outre, moins d'heures sont consacrées au travail.

Au coucher du soleil, les tables se couvrent de plats spécialement conçus pour l'*iftar* (dé-jeuner) du soir. Sont dispensés du jeûne: les enfants, les femmes enceintes, les voyageurs et les infirmes. Mais tous, pratiquants ou non, bénéficient de la réduction généralisée des heures ouvrables. Cependant, les hôtels et restaurants pour touristes respectent les mêmes habitudes d'un bout à l'autre de l'année, quoique certains d'entre eux cessent, à cette époque, de servir des boissons alcoolisées. Le Ramadan Baïram *(Aïd el-Fitr)* conclut ce mois sacré. Durant trois jours, on échange cadeaux, confiseries, cartes de vœux et visites amicales.

Courbam Baïram *(Aïd el-Adha),* la plus sacrée peut-être de toutes les fêtes musulmanes, a lieu au milieu du mois de Zou'l Hegga, à l'époque du *hajj*, le pélerinage à la Mecque. A l'occasion de cette fête de quatre jours, qui commémore le sacrifice d'Abraham, les familles musulmanes immolent un bélier, conformément à la loi coranique. La viande est cuite et une fête réunit la famille, les amis et quelques pauvres.

Autrefois, au mois d'août, les festivités se succédaient au Caire. Lors de la crue annuelle du Nil, la progression des eaux (indiquée par les nilomètres) était régulièrement transmise au Caire par des messagers. Lorsque le fleuve avait atteint un certain niveau, tous les canaux étaient ouverts et l'eau déversait sur les champs le limon fertile. Mais aujourd'hui, il y a le haut barrage d'Assouan... Par conséquent, les fêtes du mois d'août ne sont plus qu'une pâle réplique de ce qu'elles étaient!

Le Festival du Caire, créé en 1977, remporte un grand succès. Nombreux sont les pays qui y présentent leurs films primés; durant une semaine, ceux-ci sont projetés dans les meilleurs hôtels. Le Festival a lieu, habituellement, au mois de novembre.

Les activités sportives

Le Caire et Alexandrie sont pourvus de nombreux clubs sportifs dont les touristes peuvent bénéficier, quelle que soit la durée de leur séjour.

En plein centre du Caire, l'île de Guézira accueille des dizaines de courts de tennis, une piste de course à pied, un terrain de golf, des courts de squash et des terrains de hand-ball, plusieurs piscines et diverses autres installations sportives. Toutefois, à cause du grand nombre de postulants, ce club reste très exclusif, les conditions d'admission étant sévères et la cotisation annuelle élevée. Il en est d'autres, toutefois, où l'on peut s'inscrire pour une brève période: le Yacht Club du Caire, les clubs sportifs d'Heliopolis et de Maadi, le Yacht Club de Maadi, les clubs de golf et de tir de Mena.

Sports nautiques. Il faut se garder de nager dans le Nil. Allez à l'une des plages d'Alexandrie ou sur le rivage méditerranéen. Les piscines des grands hôtels sont accessibles aux non-résidents, mais moyennant une cotisation annuelle parfois substantielle.

Hourghada, sur la rive égyptienne de la mer Rouge, est pourvue de nombreux hôtels et de plages agréables; elle offre en outre des conditions optima de plongée et de pêche sous-marines. On peut s'y rendre en avion, à partir du Caire, ou bien en taxi ou en autobus au départ de Louxor.

La restitution de la péninsule du Sinaï à l'Egypte, aux termes du traité de paix avec Israël, a ouvert de magnifiques perspectives aux vacanciers. Nuwaiba et Dahab, sur le golfe d'Akaba, et Sharm al-Sheikh, au bord de la mer Rouge, sont trois station balnéaires de classe internationale, offrant les plaisirs vivifiants de la plongée sous-marine, de la voile et tous autres sports nautiques, sans oublier de superbes plages où prendre des bains de soleil.

Equitation. Que l'on préfère le plein soleil ou le clair de lune, on pourra louer une monture à l'heure ou à la journée avec ou sans guide. Les tarifs sont très raisonnables pour peu que l'on sache (ici comme ailleurs) marchander. La piste la plus intéressante est celle qui conduit des écuries des pyramides de Guizèh, en bordure du désert, aux pyramides de Abusir et de Saqqarah.

La vie nocturne

Spectacle «Son et Lumière»

L'importance des pyramides est encore amplifiée la nuit, lorsque des projecteurs puissants teintent la pierre antique de riches couleurs. Un excellent commentaire, ponctué de musique symphonique, émane d'on ne sait où (en langue française tous les jours, sauf le jeudi). Les horaires, variables selon la saison, sont à vérifier dans la presse locale. Vous pouvez vous rendre à Guizèh en taxi ou vous joindre à un tour organisé.

Un autre spectacle «Son et Lumière» se déroule au grand temple d'Amon à Karnak. Après la visite du sanctuaire, les spectateurs viennent occuper les rangées de sièges installées derrière le Lac sacré.

Une recommandation utile: pour assister à ces spectacles, habillez-vous chaudement.

Le cinéma

Les journaux de langue anglaise et française donnent la liste complète des films visibles au Caire, parfois projetés en version anglaise (certains sont sous-titrés en anglais).

En Egypte, les places de cinéma se réservent à l'avance (une heure ou plus). Leur prix n'est pas trop élevé, et la plupart des salles sont climatisées.

Au centre même du Caire, vous pourrez vivre de merveilleux moments de récréation, de détente. **93**

Les boîtes

Les boîtes de nuit des grands hôtels présentent en soirée des spectacles de variété avec danses et chansons à l'occidentale, suivis de musique égyptienne. Lorsque l'on est enfin «dans l'ambiance» paraît une danseuse du ventre! La musique se rythme extraordinairement, tandis que l'artiste exécute des mouvements sinueux absolument phénoménaux. Puis, la danse reprend ses droits. Les spectacles présentés par ces hôtels n'ont absolument rien d'osé et seront appréciés sans remords par ceux que pourraient offenser les Folies-Bergère, par exemple.

Pour pouvoir pénétrer dans la plupart de ces night-clubs et dans les discothèques, il faut en être membre ou payer un droit d'entrée élevé. Parfois, les hommes seuls ne sont pas admis. On y entendra la plupart du temps une musique conforme à la mode internationale, mais le numéro de danse du ventre suivra presque invariablement.

L'avenue des Pyramides est bordée d'établissements destinés à la distraction des hommes seuls.

Des spectacles son et lumière vous montrent les anciens monuments sous un angle nouveau.

L'Opéra du Caire

Le complexe de l'Opéra – cadeau du gouvernement japonais (1988) – comprend plusieurs musées; il doit figurer au programme d'une visite de la ville. Pendant la saison – d'octobre à mai –, les œuvres sont chantées en langue originale ou en égyptien. (Pour certaines représentations, la tenue de soirée peut être de rigueur.)

Les casinos

En Egypte, seuls les étrangers sont admis dans les maisons de jeux et seules les devises étrangères sont acceptées comme enjeu. La plupart des hôtels de luxe abritent des casinos. Ne soyez pas dupe de l'indication «casino» sur les enseignes des restaurants des bords du Nil. Au Moyen Orient, un casino est un établissement riverain, snack-bar aussi bien que cabaret, mais où les jeux sont proscrits.

Le cirque national

Clowns, acrobates et animaux participent une bonne partie de l'année à des représentations dans le quartier d'Agouza, au Caire, et se produisent à Alexandrie pendant les mois de juillet et d'août.

La table et les vins

Dans un pays à l'histoire aussi longue, il est intéressant de penser qu'un visiteur de l'Egypte contemporaine pourra apprécier la gastronomie des pharaons! On mange, comme autrefois, les poissons de la Méditerranée et de la mer Rouge, les produits de la vallée du Nil, les moutons du Delta, le bétail, le gibier, les pigeons et les canards, les céréales et les légumes tels qu'ils sont représentés sur les fresques. Mais l'histoire contemporaine a eu un impact sur l'art culinaire égyptien: on note çà et là des traces des campagnes et occupations diverses – les influences italienne, turque, française et anglaise. Le tourisme n'a en outre pas manqué d'introduire les snacks et leur floraison de «hamburgers», «club-sandwiches», etc.

Les Egyptiens prennent un petit déjeuner léger. Dans votre hôtel, le déjeuner «continental» habituel composé de café ou de thé, toasts et petits pains, beurre et confiture pourra être complété par du fromage blanc salé et, le cas échéant, par un jus de fruits frais.

Le déjeuner est le principal repas de la journée, bien que de nombreux hôtels servent un **95** copieux dîner le soir. On déjeune habituellement entre 15 et 16 heures.

Dans les familles égyptiennes, le dîner n'est généralement pas servi avant 22 heures, voire plus tard. Pendant le mois du Ramadan, les habitudes alimentaires (horaires et plats) sont complètement bouleversées.

La cuisine égyptienne

Les hôtels sont susceptibles de servir une cuisine plus internationale qu'égyptienne; cependant, vous ne devriez pas manquer de savourer quelques plats locaux. De nombreux restaurants proposent le *mezzeh* – salades locales, fromage et raisin avec, parfois, de la viande. Premier plat idéal pour un groupe, il peut également constituer un repas léger à lui tout seul.

On peut aussi commencer par de la *molokheyya,* une soupe de légumes à base de bouillon, assaisonnée d'ail, de poivre et de coriandre, que l'on mange souvent avec du riz. Les Egyptiens raffolent du *foul,* savoureux ragoût de haricots aromatisé de tomates et d'épices; on le sert généralement avec de l'huile et un filet de citron ou avec du *taameyya,* une sorte de beignet fait de la farine des mêmes

haricots auxquels on a ajouté légumes, persil et épices. Les *makhallal,* ou *torchi,* légumes conservés dans du vinaigre aux épices, sont fréquents sur les tables égyptiennes.

Le pain sans levain est celui que l'on mange dans tout le Moyen-Orient; on le sert notamment avec le *laban zabadi* (yoghourt) ou la *tahina* (purée de graines de sésame) ou sa variante, le *baba gannoug* (*tahina* accompagnée d'une purée d'aubergines cuites au four, assaisonnée d'ail et de citron).

Certains restaurants servent une spécialité: le *kabab,* brochettes d'agneau ou de mouton marinées avec des épices et grillées au charbon de bois. Le *kofta,* variété de *kabab,* est fait de viande d'agneau hachée épicée. Il est servi sur un lit de persil ou de feuilles de coriandre fraîches.

Le poisson de la Méditerranée ou du lac Nasser est frit à la poêle ou en beignets, quelquefois avec une pincée de cumin. Les grosses crevettes d'Alexandrie, en brochettes, également grillées au feu de bois, sont appréciées des gourmets.

Les Egyptiens ont une prédilection pour le pigeon. La volaille, partagée en deux, est grillée ou farcie et servie avec du riz.

Les salades sont servies avant et avec le plat principal; elles se composent de betteraves en saison, de tomates et de concombres, relevés d'un filet de citron ou d'un peu de vinaigre. Aux salades vertes sont souvent mêlées les feuilles poivrées du *gargir*. Quand vous les aurez goûtées, il y a de fortes chances que vous en redemandiez.

Les fromages égyptiens sont un peu décevants, d'autant plus que les meilleurs d'entre eux sont fortement salés. Si le sel est là pour favoriser la rétention d'eau souhaitable dans un climat désertique, le palais du gourmet n'y trouve pas son compte.

Au dessert, on n'est jamais déçu par les fruits frais du Delta: bananes, oranges, figues et goyaves. La datte fraîche n'a rien à voir avec la datte sèche et sucrée. Si vous lisez sur la carte *ommo-'ali*, commandez ce gâteau de riz au lait, raisins secs et noix de coco. Divin lors-

qu'il est bien préparé! Quant aux pâtisseries, elles sont nombreuses en Egypte.

Les restaurants pour touristes négligent souvent les desserts égyptiens; mais si vous le pouvez, essayez le *baklawa*, feuilleté fourré de noix et de miel. L'*atayéf*, une variante servie surtout pendant le Ramadan, se compose de beignets sucrés ou salés (fourrés au fromage). Le *mahallabeyya* est un gâteau de riz aux noix.

La cuisine européenne
Habituellement, dans les hôtels égyptiens, la cuisine locale est absente du menu et remplacée par la cuisine «internationale»; seuls les meilleurs hôtels ont, toutefois, un chef étranger. Dépendant de toutes sortes de facteurs, les mets peu-

Après les visites exténuantes, le soleil et la poussière, des instants de détente bien mérités.

vent donc se révéler fades, «honnêtes» ou, quelquefois, sublimes. Pour ne pas quitter l'Egypte avec l'impression que la cuisine y est insipide ou inexistante, renseignez-vous auprès du concierge de l'hôtel sur les restaurants des quartiers résidentiels de Zamalek ou Guizèh, puis prenez un taxi et partez à l'aventure. Il y a peu de chance pour que vous rentriez déçu!

Les boissons

Boire de l'alcool est interdit par la religion musulmane: cependant, si de nombreux Egyptiens boivent avec plaisir un verre de vin ou de bière, l'interdit religieux se traduit par la très grande popularité des rafraîchissements non alcoolisés. Un grand nombre de boissons sans alcool «occidentales» sont fabriquées sous licence en Egypte, y compris les versions pauvres en calories. Vous les trouverez peut-être moins pétillantes et plus sucrées que celles dont vous avez l'habitude. Les jus de fruits frais se trouvent un peu partout. Ne partez pas sans avoir goûté au *karkadé,* infusion rouge sombre de pétales d'hibiscus, agréablement aromatisée et présentée légèrement sucrée. Délicieuse bois-

son froide au petit déjeuner, elle est servie chaude, également un excellent remontant. C'est une boisson courante en Haute-Egypte, où pousse la plante qui sert à sa préparation. Le jus de canne à sucre est également une boisson délicieusement parfumée et peu coûteuse.

Dans le delta du Nil, on cultive la vigne depuis des siècles. Les restaurants des hôtels servent tous du vin, mais la carte est réduite et l'offre suspendue pendant les fêtes religieuses musulmanes. Parmi les vins rouges, l'*Omar Khayyam* et le *Chateau* (ou *Kasr*) *Gianaclis* sont des vins relativement doux, qui contiennent une bonne dose de tanin. Le *Pharaons* a moins de bouquet et, en outre, est légèrement plus sec. Les vins blancs, souvent meilleurs que les rouges, ne sont jamais servis assez frais. Parmi eux: le *Nefertiti,* le *Cleopatra* et le *Gianaclis Villages.* Si vous préférez le rosé, faites-vous servir du *Rubis d'Egypte,* en insistant pour qu'il soit glacé. Les vins locaux ont un goût assez particulier, mais le vin de table importé, quant il y en a, peut faire doubler la note.

Les grands hôtels et les bons restaurants proposent quelques marques de bières d'importation, à des prix relativement élevés. La *Stella* et la *Stella Export* sont deux bières blondes égyptiennes.

L'alcool égyptien est distillé à partir de jus de raisin ou de jus de dattes. Le *Zibib* constitue la version égyptienne du pastis. La vodka de fabrication locale est bonne. Les bars des hôtels de luxe et des grands restaurants servent essentiellement les spiritueux et alcools de marques internationales. Les prix sont modérés.

Thé et café turc
Le café est souvent mal préparé et on peut lui préférer le café instantané. Le thé *(chay)* est très populaire; dans les cafés arabes, il est servi avec des feuilles de menthe fraîche. Les Egyptiens assurent que celle-ci favorise la digestion et donne de l'énergie.

Le café turc est habituellement très bon. On vous en sert au moindre prétexte. L'hôte égyptien qui omettrait d'offrir du café à ses visiteurs – ne serait-ce qu'au cours d'une visite de cinq minutes dans un magasin, un bureau ou chez l'habitant – manquerait gravement aux lois égyptiennes de l'hospitalité. Le café turc vous sera proposé *mazbout,* moyennement sucré, *zeyada,* très sucré, ou *sada,* sans sucre. *Arrihah* signifie que votre petite tasse contient un soupçon de sucre. (Mais pratiquement, on ne sait jamais très bien à l'avance ce que l'on va recevoir, étant donné que l'*arrihah* d'un cafetier sera le *mazbout* de l'autre.)

Pour vous aider à passer votre commande...

J'aimerais...   *orid*   ... اريد

bière	*bira*	بيرة	eau miné-	*mayya maa-*	مياه معدنية
pain	*éch*	(خبز) عيش	rale	*daneyya*	
beurre	*zebda*	زبدة	moutarde	*mostarda*	مستردة (خردل)
fromage	*gebna*	جبنة	huile	*zeyt-zeytoun*	زيت زيتون
café	*ahwa*	قهوة	d'olive		
œufs	*béd*	بيض	poivre	*felfel*	فلفل (بهار)
poisson	*samak*	سمك	pommes	*batates*	بطاطس
fruit	*fak'ha*	فاكهة	de terre		
jus de	*asir fak'ha*	عصير فاكهة	salade	*sulata*	صلطة
fruits			sel	*malh*	ملح
glace	*geláti*	جيلاتي	soupe	*chorba*	شوربة
citron	*lamoun*	(حامض) ليمون	sucre	*sokkar*	سكر
viande	*lahm*	لحم	thé	*chay*	شاي
lait	*laban halib*	لبن حليب	légumes	*khodar*	خضار
			vin	*nébit*	نبيذ

... et pour lire le menu

فراخ	*férakh*	poulet	زيتون	*zeytoun*	olives
حمام	*hamam*	pigeon	بصل	*basal*	oignons
رنجة	*ringa*	hareng	رز	*roz*	riz
سردين	*sardin*	sardine	طماطم	*tamatim*	tomates
بفتيك	*boftek*	bifteck	(بندورة)		
ريش (كستليتة)	*réyach*	côtelettes	بلح	*balah*	dattes
ضاني	*dani*	d'agneau	تين	*tine*	figues
روسبيف	*rosbif*	rosbif	بطيخ	*battikh*	pastèque
كستلتة بتلو	*kostaleta*	côtelettes	فستق	*fostok*	pistaches
(عجل)	*bitello*	de veau	كيك	*kéke*	biscuit
باذنجان	*bétingan*	aubergine	مكرونة شريط	*makarona*	nouilles
حمص	*hommos*	pois chiches		*chérit*	
ثوم	*taume*	ail	مسلوق	*maslouk*	bouilli
عدس	*ads*	lentilles	مقلي	*makli*	frit
بامية	*bamia*	bongo	مشوي	*machoui*	grillé
		(légume)			

BERLITZ-INFO

Comment y aller

PAR AIR

Vols de ligne

Au départ de la Belgique. Vous avez deux vols directs par semaine à destination du Caire en 4 h. 30 environ; les autres jours, vous devrez changer à Amsterdam, Francfort, Londres, Paris, Rome ou Zurich.

Au départ du Canada. Il n'existe pas de liaison directe entre Montréal et Le Caire. Le plus simple est de passer par Francfort, Londres, New York, Paris ou Zurich. Comptez, selon la correspondance, de 15 à 19 h. de voyage.

Au départ de la France. *Paris-Le Caire.* Il y a jusqu'à quatre vols directs quotidiens en 4 h. 20 environ. *Province-Le Caire.* De Nice, il existe un vol hebdomadaire en 3 h. 35 environ; de Lyon ou Marseille, le mieux est de transiter par Paris.

Au départ de la Suisse romande. Vous avez, presque chaque jour, un vol Genève-Le Caire en moins de 4 h.

Il est parfaitement possible de voyager en avion de ligne tout en bénéficiant d'une intéressante **réduction.** *Europe-Egypte.* Les enfants de 2 à 12 ans voyagent à moitié prix. Les jeunes de 12 à 21 ans et les étudiants de 26 à 31 ans ont également droit à un tarif spécial. Il existe par ailleurs deux tarifs excursion dont la validité respective est de 10 à 35 jours (applicable toute l'année) et de 10 à 14 jours (du 1er novembre au 12 décembre et du 6 janvier au 30 juin). *Canada-Egypte.* Outre un tarif excursion valable de 14 jours à 3 mois, il y a un tarif APEX valable de 6 jours à 2 mois.

Des charters aux voyages organisés

Peu de charters atterrissent au Caire. Cependant, vous avez la possibilité, une fois par semaine au départ de Bruxelles, de Paris, de Lyon, de Nice ou de Genève, d'emprunter un vol régulier en vous joignant à un groupe. Il ne s'agit donc pas de vol charter, mais vous profitez de conditions particulièrement avantageuses. Signalons aussi, au départ de Zurich, des liaisons charter à destination du Caire, Hourghada, Louxor et Charm el-Cheikh.

Vous partez du Canada? Il est également possible de bénéficier d'un «vol de ligne avec tarif de groupe». Renseignez-vous toutefois: des charters desservent Le Caire au départ de New York.

A propos des voyages organisés, disons que l'offre est importante et qu'elle s'élargit d'année en année. Rappelons par ailleurs que, en raison des difficultés qu'il y a à se loger sur place si l'on voyage à titre individuel, la formule du voyage organisé est ici tout particulièrement intéressante et vous décharge de tout souci. Les prestations incluent généralement, outre le voyage en avion, l'hébergement dans un bon établissement, les transferts, la pension, les visites accompagnées, etc. Si, toutefois, vous préférez voyager seul, n'oubliez pas que, les mois d'été, il y a moins de monde (sauf à Alexandrie) et que tout est meilleur marché dans le secteur touristique. Enfin, vous pouvez combiner croisière en Méditerranée – ou sur le Nil – et séjour balnéaire.

PAR TERRE ET PAR MER

C'est la formule idéale pour les individualistes. Si vous voulez aller en Egypte avec votre voiture, c'est possible, mais voyez la rubrique CONDUIRE EN EGYPTE dans les Informations pratiques. Il vous suffit de gagner un port méditerranéen (voir ci-dessous). Si peu de car-ferries effectuent la traversée à destination d'Alexandrie, la plupart des bateaux réguliers assurent le transbordement des autos.

Venise et Le Pirée sont reliés à Alexandrie. En été, au moins un service hebdomadaire est assuré au départ de ces deux ports. Comptez 1½ à 2 jours de traversée. Il existe aussi, mais plus irrégulières, des liaisons par cargo depuis Livourne, Naples, Ravenne et Trieste.

Quand y aller

Octobre, novembre et, dans une moindre mesure, avril et mai constituent la saison idéale pour visiter l'Egypte. Les mois d'hiver sont moins plaisants, encore que la sécheresse constante et l'absence quasi totale de précipitations – sauf à Alexandrie et sur la côte méditerranéenne – donnent alors à l'Egypte un climat des plus salubres. Mais l'hiver, c'est aussi la foule des touristes, les hôtels et les moyens de transports pris d'assaut, et des prix moins favorables. L'été est bien entendu sec et chaud (et même très chaud au sud du Caire). Mais les cars, les trains, les bateaux de croisière, les hôtels ont en principe l'air conditionné. Et, de toute façon, les débuts de matinée, les fins d'après-midi et les soirées demeurent agréables. Evitez les grandes expéditions de 10 h. à 16 h.

Températures moyennes mensuelles enregistrées au Caire et à Alexandrie (en degrés C):

	J	F	M	A	M	J	J	A	S	O	N	D
Le Caire	14	15	18	21	23	27	29	28	26	24	20	15
Alexandrie	14	15	16	19	22	24	26	27	25	23	20	16

Pour équilibrer votre budget...

Vous trouverez ci-dessous quelques exemples de prix moyens exprimés en livres égyptiennes (£EG), en piastres (pt.), ou en dollars américains ($). Du fait de la pratique très répandue du pourboire et d'un taux d'inflation fort élevé, ces données n'ont qu'une valeur indicative.

Aéroport. Porteur (par bagage) 50 pt. Location de chariot à bagages 1 £EG. Trajet jusqu'au centre du Caire en taxi 27 £EG, en voiture-navette 18 £EG.

Bateaux. Location d'une felouque (à l'heure) 20-25 £EG au Caire, à Assouan et à Louxor. «Bus du Nil» 25 pt. jusqu'au Vieux-Caire, 35 pt. jusqu'au barrage du Nil.

Croisières sur le Nil. De quatre à sept nuits $344-800 par personne (en cabine double).

Distractions. Cinéma 2.50-5.50 £EG, discothèque 15-20 £EG, boîte de nuit (avec le repas, mais sans les boissons) 40-60 £EG.

Guides. 10-15 £EG l'heure suivant la langue et le lieu.

Hôtels (chambre double avec bains, la nuit). Luxe $120-160, 1re classe $90-120, 2e classe $40-75, 3e classe $25-35. Service (12%) et taxe municipale (14%) en sus. Petit déjeuner 12-18 £EG et plus par jour.

Location de voitures (avec kilométrage illimité). *Fiat 128:* $50-56 par jour; *Fiat Nova Regata* (climatisation) $72-83 par jour; *Peugeot 505* (break, climatisation) $86-117 par jour. Ajoutez $1,25 d'assurance personnelle par jour et 5% de taxe locale.

Musées. 5-10 £EG.

Repas et boissons. Petit déjeuner continental 8-10 £EG, déjeuner/dîner (dans un bon établissement) 9-25 £EG; *foul* et *taameyya* 50 pt.-1.50 £EG, sodas en bouteille 1 £EG, café 1-1.50 £EG, bière égyptienne 4 £EG, bière d'importation (en boîte) 10 £EG, vin égyptien (bouteille) 12-14 £EG, cocktail 6-8 £EG, eau minérale d'importation (1 litre) 6-8 £EG, eau minérale égyptienne (1 litre) 1-1.50 £EG.

Transports. *Trains:* Le Caire-Alexandrie 12 £EG, Le Caire-Louxor 28 £EG, jusqu'à Assouan 35 £EG (couchette); train touristique Le Caire-Louxor/Assouan 216 £EG par personne repas compris. *Avion:* Le Caire-Louxor $75, Le Caire-Assouan $103, Le Caire-Abou Simbel $164, Le Caire-Hourghada $80, Le Caire-Charm el-Cheikh $85, Le Caire-Alexandrie $42.

Informations pratiques classées de A à Z pour un voyage agréable

L'étoile (*) accolée à un titre de rubrique renvoie à la page 105 pour une indication de prix.

Le titre de certaines rubriques importantes est immédiatement suivi de sa traduction arabe, transcrite phonétiquement. Les informations sont, dans certains cas, suivies de quelques expressions clefs (en transcription phonétique approchée) qui devraient, le cas échéant, vous tirer d'embarras.

A

AEROPORT*. L'aéroport du Caire possède quatre terminaux: trois réservés au trafic international et un aux vols intérieurs. Les terminaux internationaux sont dotés d'un café, d'un restaurant, d'un bar, de banques (voir ARGENT) et de boutiques de souvenirs et d'articles hors taxes.

Un conseil: Dès votre arrivée à l'aéroport du Caire, armez-vous de patience!

Vous n'avez pas encore d'argent égyptien? Allez vite «faire du change» pour le pourboire du porteur et les taxis. Si vous n'avez pas demandé votre visa avant de partir, sachez qu'il n'est pas trop tard pour le faire (voir également FORMALITÉS D'ENTRÉE ET DOUANE).

En Egypte, les contrôles douaniers sont généralement de pure forme. Peut-être les officiers de douane vous demanderont-ils d'ouvrir votre sac et vos bagages. (La photographie étant interdite dans les aéroports, le mieux serait de camoufler votre appareil.)

En cas de difficultés à l'aéroport, contactez le bureau d'information touristique officiel, situé dans le hall des arrivées des vols internationaux (près des portes de sortie). On vous y aidera à trouver un logement, au besoin.

Prenez vos dispositions pour le retour au moment où vous organisez votre voyage. Respectez les consignes données par votre agence et, dès votre arrivée en Egypte, confirmez vos réservations pour les différentes étapes de votre séjour ainsi que pour votre retour. Les vols au départ du Caire sont insuffisants par rapport à la demande, ne l'oubliez pas si vous voulez être assuré de trouver une place dans un avion.

Le jour de votre départ, prévoyez qu'il vous faudra un temps considérable – deux heures au minimum – pour vous dégager de la circulation démente, au Caire, et être à l'heure à l'aéroport. Le trajet ne dure qu'une trentaine de minutes lorsqu'il n'y a pas d'embouteillages (en pleine nuit, par exemple). Pour tout détail sur les lignes aériennes intérieures, se reporter à la rubrique TRANSPORTS.

L'aménagement des aéroports de Louxor, d'Assouan et d'Abou-Simbel est simple mais convenable; partout, bus et taxis vous attendent pour vous conduire au centre-ville.

| Taxi! | **taksi** |
| Où est l'autobus pour…? | **fayn al otobís illl ráyik…** |

AMBASSADES et CONSULATS *(séfará; konsoleyya)*

Belgique   Ambassade et consulat: 20 rue Kamel Al-Shennawi, Garden City, Le Caire; tél. 3547494/5/6.

Canada   Ambassade: 6 rue Mohamed Fahmy el-Sayed, Garden City, Le Caire; tél. 3543110.

France   Ambassade: 29 avenue Taha Hussein, Guizèh (Giza), Le Caire; tél. 728033.

Consulat: 5 rue El-Fadl, près de Kasr el-Nil, Le Caire; tél. 754316.

Consulat: 2 place Ahmed-Oraby, Alexandrie; tél. 800488.

Luxembourg S'adresser à l'ambassade de Belgique.

Suisse   Ambassade: 10 rue Abdel Khalek Saroit, Le Caire; tél. 758133/758284/770545.

ARGENT. La *livre égyptienne* (£EG) se divise en 100 *piastres* (pt.). Les prix affichés sont exprimés de diverses façons. Ainsi, £EG 1,5, £EG 1500 ou 150 pt. représentent le même montant: une livre et demie.

Les billets de banque se présentent en coupures de 25 et 50 piastres; de 1, 5, 10, 20 et 100 livres.

On trouve des pièces de 5, 10 et 20 pt.

Il vaut mieux, d'une façon générale, refuser les billets déchirés; vous pourriez avoir des difficultés à vous en débarrasser – sinon sous forme de pourboire. Concernant le contrôle des changes, se reporter à FORMALITÉS D'ENTRÉE ET DOUANE.

A **Horaire des banques:** De 8 h. 30 à 13 h. du dimanche au jeudi. Toutes les banques sont fermées le vendredi et le samedi. Les bureaux de change situés dans les aéroports et dans le hall des hôtels ont des horaires particuliers pour répondre aux besoins des touristes.

Change: Le change de devises étrangères dans un lieu autre qu'une banque ou un établissement autorisé est illégal; il est également interdit de régler ses achats en devises. Vous vous munirez de votre passeport pour changer de l'argent ou des chèques de voyage; enfin, conservez les bordereaux délivrés par les bureaux de change, vous en aurez besoin pour reconvertir l'argent égyptien dans la monnaie de votre pays. En fait, conservez soigneusement, afin d'éviter tout problème, tous vos reçus et quittances (notes d'hôtel, billets d'avion, en particulier). Peut-être vous demandera-t-on en effet de produire les justificatifs de vos dépenses, histoire de s'assurer que vous n'avez pas changé au marché noir. Ne voyez pas là une tracasserie, mais une simple formalité, à ne pas négliger tout de même.

A l'aéroport du Caire, les bureaux de change sont situés avant les guichets de contrôle des passeports (secteur arrivées), à l'intention de ceux qui auraient besoin de changer des devises en argent égyptien afin d'être en possession du minimum requis.

Cartes de crédit et chèques de voyage: De plus en plus nombreux sont les établissements qui honorent les cartes de crédit. En outre, les banques acceptent volontiers les chèques de voyage.

AUBERGES DE JEUNESSE *(beït shabáb).* Les auberges des grandes villes offrent aux étudiants et aux non-étudiants une villégiature à prix très modéré. Le confort varie d'une auberge à l'autre, les meilleures étant souvent pleines. Il est recommandé de réserver longtemps à l'avance, par courrier. Pour toute information, adressez-vous à l'Association égyptienne des Auberges de Jeunesse:

7 rue du Dr Abdel Hamid Saïd, Marrouf, Le Caire; tél. 758099.

Principales auberges de jeunesse:

Le Caire: Al Manyal, 135 rue Abdel Aziz al-Saud, Manyal; tél. 840729.

Alexandrie: 23 rue de Port-Saïd, Shatbi; tél. 75459.

Louxor: 16 Maabed el-Karnak; tél. 82139.

Assouan: 96 Abtal el-Tahrir; tél. 22313.

BAKCHICH. En Egypte, le pourboire prend des proportions démesurées. Si le bakchich désignait autrefois l'argent donné par un étranger à un Egyptien sans raison apparente, il n'a plus aujourd'hui aucune parenté avec son ancêtre, puisqu'il est devenu la rétribution systématique de tout service rendu, aussi infime soit-il. Les Egyptiens qui n'ont guère de contacts avec les étrangers sollicitent rarement un bakchich, mais pour ceux dont l'activité touche, de près ou de loin, au tourisme, ce pourboire est souvent un salaire qu'ils attendent pour manger. D'une façon générale, plus le pourboire demandé est élevé, moins le besoin du quémandeur est urgent.

Si vous voulez que votre voyage se déroule sans problèmes, vous vous munirez de quantités importantes de pièces de monnaie et de billets de 5, 10, 25 et 50 piastres. (Voir aussi POURBOIRES.)

BATEAUX*. Les *felouques*, ces embarcations romantiques qui font la navette sur le Nil, sont aussi pratiques que pittoresques. Il est possible d'en louer une avec son homme de barre dans toutes les localités riveraines; les bateliers sont généralement habitués aux touristes et devancent le plus souvent leurs désirs. Mais il est plus sage de réserver la promenade en felouque pour Louxor ou Assouan, car les prix sont prohibitifs au Caire; si vous voulez voir la capitale depuis le fleuve, louez un bateau à plusieurs personnes. Des felouques sont amarrées sur le quai à proximité de l'Hôtel Méridien ou au yacht-club de Maadi; c'est là que vous devrez vous rendre pour vous arranger avec un batelier. A Louxor et à Assouan, adressez-vous aux mariniers que vous voyez sur le Nil (si ces derniers ne vous offrent pas spontanément leurs services) et assurez-vous, avant de lever l'ancre, qu'il n'y a pas de malentendu sur le prix de la promenade, sa durée et le nombre d'arrêts prévu.

Vous trouverez à l'Office du Tourisme une liste de tarifs officiels: cette liste vous servira d'indication.

Un bac («bus du Nil») dessert les rives entre le Vieux-Caire au sud et l'immeuble de la Télévision au nord. Il faut de 20 à 30 minutes pour effectuer cette promenade, à ne manquer à aucun prix.

Une croisière de plusieurs jours au fil du grand fleuve, à bord d'un navire confortable (voir CROISIÈRES SUR LE NIL), constitue l'une des expériences les plus passionnantes qu'il vous sera donné de vivre en Egypte.

BLANCHISSERIE et NETTOYAGE A SEC *(ghacil, tandif bel bokhár).* Les hôtels disposent généralement d'une blanchisserie et d'une

B teinturerie. Le mieux, pour être assuré d'un service rapide, est de donner un pourboire à la femme de chambre (ou au garçon d'étage) pour qu'elle (il) s'occupe de vos vêtements. Vous serez parfois surpris de la qualité du travail et de la célérité avec laquelle vos vêtements vous seront restitués.

Quand cela sera-t-il prêt?	**émta tékoun gahza**
Il me le faut pour...	**aïezha**
aujourd'hui/demain	**ennahárda/bókra**

C **CAMPING** *(mo'askar).* Si le camping n'est pas encore bien organisé en Egypte, il existe plusieurs terrains officiellement reconnus. Vous pourrez aussi, avec la permission des autorités locales, camper dans la vallée du Nil ou sur les plages de la Méditerranée et de la mer Rouge ou vous livrer aux joies du camping sauvage. Cette autorisation est capitale, car certaines plages de la mer Rouge sont minées, d'autres étant parcourues par des patrouilles militaires qui n'hésitent pas à tirer après la tombée de la nuit.

Pouvons-nous camper ici? **mómken no' askar héna**

CIGARETTES, CIGARES, TABAC *(sagáyir, sigár, tobákko).* Les cigarettes de marques mondialement connues sont en vente dans les kiosques et à la réception des hôtels. Elles sont pratiquement deux fois plus chères que les cigarettes de marques locales, mais leur prix n'est pas excessif en comparaison de ceux pratiqués en Europe. Cigares et tabac pour la pipe sont également disponibles.

Il y a parfois pénurie de cigarettes égyptiennes. Les *Cleopatra* et *Nefertiti* sont des cigarettes longues avec filtres, légères et très aromatiques; les *Bustan,* également de bonne qualité, sont sans filtres; les *Port Said,* elles, sont mentholées.

Un paquet de..., s'il vous plaît.	**élbét... men fadlak**
avec/sans filtres	**béfom filter/bédoun filter**
des allumettes	**kabrít**

COIFFEURS *(salón tagmíl).* Il est prudent de prendre rendez-vous si vous désirez vous faire coiffer un jeudi ou un samedi, jours où les coiffeurs sont débordés. La plupart des salons appliquent des horaires très longs, et ceux des hôtels n'observent généralement pas la fermeture hebdomadaire du lundi. Les tarifs des salons des hôtels sont moyens par rapport aux prix pratiqués en Europe, c'est-à-dire élevés pour l'Egypte. Les figaros établis à leur compte sont très avantageux, en particulier si l'on a recours aux services des manucures, pédicures et cireurs.

Je voudrais (un, une)...	**aïez'**
coupe	**áhla sháari** (messieurs)
	a'oss sháari (dames)
permanente	**birmanánt**
shampooing/brushing	**shambou oua sechouar**
shampooing/mise en plis	**mise en plis**

CONDUIRE EN EGYPTE. Pour faire entrer votre voiture en Egypte, vous devrez être en possession:

● d'un permis de conduire international

● des papiers de la voiture (carte grise, permis de circulation)

● d'un carnet de passage en douane, ou triptyque (sans lequel il vous faudra verser une importante caution, remboursable lors de la sortie du véhicule).

Muni de ces documents, vous pourrez entrer en Egypte avec votre voiture, sans avoir à payer de taxe ou à passer le permis de conduire égyptien. Vous devez néanmoins contracter, dès votre arrivée, une assurance tiers-collision.

Conditions de circulation: Si le code de la route en ce pays a été établi du temps de la présence anglaise (bien que l'on conduise à droite), quantité de coutumes locales ont acquis force de loi. Ajoutez à cela l'intensité de la circulation et l'insuffisance des parkings, et vous comprendrez qu'il n'est pas recommandé aux touristes de conduire au Caire. En province, les principales villes sont desservies par des routes carrossables, mais pleines de surprises (véhicules lents, chaussées parfois défoncées, piétons indisciplinés, animaux errants). Pour plus d'informations, contactez l'organisme suivant:

Automobile-Club d'Egypte, 10 Sharia Kasr el-Nil, Le Caire.

permis de conduire	**rókhsit alkiyáda**
police d'assurance	**bolísit alta'min**

C

Sommes-nous sur la route de...?	**houa da eltarik lé...**
Le plein, s'il vous plaît.	**emla el tank men fadlak**
de normal/de super	**ádi/soubar**
Veuillez vérifier l'huile/les pneus/la batterie, s'il vous plaît.	**men fadlak chouf al zeit/al ágal/ al bataría**
Ma voiture est en panne.	**arabíyiti itattálit**
Il y a eu un accident.	**fih hádsa**

COURANT ELECTRIQUE. La quasi-totalité du territoire égyptien est alimentée en courant 220 volts 50 Hz. Exception (110 volts): certains quartiers d'Héliopolis et de Maadi (banlieues du Caire), où le courant est néanmoins converti progressivement en 220 volts. Les fiches mâles sont identiques à celles utilisées en Europe. Les chambres d'hôtel sont souvent pourvues de bougies pour parer aux éventuelles coupures de courant. A signaler également une tendance au dévoltage.

Quel est le voltage, 110 ou 220?	**kam al volt, míyya oua áshara (110) aou mitén oua ishrín (220)**

CROISIERES SUR LE NIL*. De luxueux bateaux de croisière sont affrétés par certains grands hôtels; quantité d'autres navires, moins somptueux mais très confortables, le sont par des organisations de voyages en groupes, et leurs cabines sont mises à la disposition des touristes par l'intermédiaire des agences locales. Pour tout renseignement relatif aux cabines, aux prix, aux dates de départ, vous vous adresserez donc à une agence. En Egypte, ces cabines sont plus demandées que les chambres d'hôtel, aussi convient-il de prendre ses dispositions le plus longtemps possible à l'avance. La croisière normale nécessite de se rendre en avion, ou par le train de nuit, à Louxor ou Assouan; le voyage, qui s'effectue entre ces deux points, dure de cinq à huit jours et comporte une escale auprès de chaque temple et site archéologique important. Des croisières ont lieu également au départ ou à destination du Caire; celles-ci se déroulent généralement en début et en fin de saison.

D **DECALAGE HORAIRE.** L'Egypte vit à l'heure GMT + 2, en avance d'une heure, par conséquent, sur l'heure de l'Europe centrale pendant l'hiver. On avance les montres d'une heure l'été. En hiver – saison au cours de laquelle on visite en général la «terre des pharaons» –, le décalage se présente comme suit:

Le Caire	Montréal	Paris	Bruxelles	Genève
midi	5 h.	11 h.	11 h.	11 h.

Quelle heure est-il?   **essâa kam**

DÉLITS et VOLS. Si le taux de criminalité est faible en Egypte, le vol existe comme partout ailleurs. Vous devriez toutefois ne rien avoir à craindre si vous prenez les précautions d'usage (surveillez votre portefeuille ou votre porte-monnaie dans les souks et les marchés, les trains et les autobus; fermez vos bagages à clef avant de les remettre aux porteurs, à la gare ou à l'aéroport; ne laissez traîner aucun objet de valeur dans votre chambre, à l'hôtel). En cas de vol, la Police touristique (voir Police) fera, à n'en pas douter, tout son possible.

EAU *(máyya).* Selon un dicton, les visiteurs qui ont bu de l'eau du Nil, même en quantité infime, sont assurés de revenir en Egypte. Malgré tout, ne buvez jamais *directement* de cette eau! A Assouan, à Louxor et au Caire, l'eau du robinet, puisée dans le Nil, est passée par des stations d'épuration; si elle a un goût, elle est potable.

La *Helwan* est une des marques d'eau minérale égyptienne. Une autre marque locale – la *Baraka* – est coproduite par Vittel. Personne ne trouvera à redire si vous quittez le restaurant ou la salle à manger de l'hôtel avec la bouteille d'eau que vous aurez entamée à table.

Je voudrais de l'eau minérale.   **aïez' máyya ma'daneyya**

gazeuse/non gazeuse   **gazzíyya/áada**

Cette eau est-elle potable?   **el mayya di lil shórb**

ENFANTS. En Egypte, les enfants trouveront quantité de distractions à leur portée. Dans la capitale, vous les ferez ainsi grimper au sommet de la Tour du Caire, d'où vous jouirez d'une vue panoramique étonnante. En vous rendant aux pyramides de Guizèh, vous ferez un détour par le Jardin zoologique – accessible par le pont de l'Université (El-Gamaa) – pour voir des spécimens de la faune d'Egypte et du Soudan. Les plus grands se feront une joie de circuler à dos de chameau ou à cheval d'une pyramide à l'autre.

E S'ils rêvent d'aventures, les promenades en calèche et en felouque à Louxor les entraîneront en plein merveilleux. Assouan leur offrira en outre diverses attractions, comme le Jardin botanique de l'île Kitchener (île des Fleurs), le spectaculaire monument-observatoire qui s'élève à proximité du haut barrage, ainsi que les temples de Philae, auxquels on accède par bateau.

Vous pourrez également passer quelques heures avec les enfants au bord de la piscine d'un hôtel de luxe, moyennant un droit d'entrée peu élevé, si, bien entendu, votre hôtel n'offre pas déjà cet avantage.

Par ailleurs, pour faire garder vos enfants, le garçon d'étage ou la femme de chambre se fera un plaisir de vous trouver une baby-sitter; dans les hôtels de luxe, voyez le réceptionnaire.

Pourriez-vous me trouver une garde d'enfants pour ce soir?	**momkén tégébli morabbeyya lel leila**

F **FORMALITES D'ENTREE et DOUANE.** Toute personne entrant en Egypte est tenue de se faire enregistrer au Ministère de l'Intérieur. L'inscription auprès du Mugamaa, place El-Tahrir, Le Caire, doit être effectuée dans les sept jours suivant l'arrivée. L'hôtel, l'agence de voyages ou l'hôte peuvent remplir pour vous cette *formalité indispensable*. Une inscription tardive se traduira par une amende et de sérieux ennuis avec l'Administration.

Il faut, en outre, être en possession d'un passeport en cours de validité et d'un visa de transit si le séjour n'excède pas sept jours, d'un visa touristique pour un séjour d'un mois (renouvelable pour six mois). Les visas s'obtiennent auprès des consulats égyptiens à l'étranger, ou auprès du bureau des passeports du lieu d'entrée. Le système des visas ayant été réorganisé, on en obtient rapidement un dans les aéroports. En arrivant dans le pays, les voyageurs sont tenus de changer en livres égyptiennes l'équivalent de 150 $. En le quittant, ils peuvent changer les livres qui leur restent, à condition de prouver, avec tous leurs bordereaux de change, qu'ils ont dépensé un minimum de 30 £EG par jour. Toutefois, cette mesure ne s'applique qu'aux personnes voyageant à tire individuel et ne concerne donc pas celles qui ont choisi la formule du voyage organisé.

Les voyageurs provenant d'un pays où sévit une épidémie qui n'ont pas de certificat international de vaccination (contre le choléra et la fièvre jaune) risquent d'être mis en quarantaine. La réglementation étant sujette à variations, consultez votre agent de voyages!

Voici un tableau des principaux produits que vous pouvez importer **114** en Egypte et exporter vers votre pays en franchise:

	Cigarettes	Cigares	Tabac	Alcool	Vin
Egypte	200 ou	25	ou 200 g.	3 l.	
Belgique France Luxembourg Suisse	200 ou	50	ou 250 g.	1 l. et	2 l.
Canada	200 et	50	et 900 g.	1,1 l. ou	1,1 l.

Contrôle des changes: On ne peut importer ou exporter plus de £EG 20 en monnaie locale. Il n'existe aucune restriction à l'introduction ni à la sortie des devises étrangères, sous réserve d'en déclarer le montant à l'arrivée. La loi exige des touristes qu'ils signalent sur une formule l'argent qu'ils ont sur eux et la fassent viser à la douane; en cas de doute au sujet de votre situation, réclamez-la, si elle ne vous a pas été remise. Au moment du départ, s'il vous reste des devises, vous devrez produire cette formule avec les divers bordereaux que vous auront délivrés les bureaux de change au cours de votre séjour. Les sommes qui n'y figureraient pas pourront être confisquées.

GUIDES* *(dalíl).* Seuls les guides agréés par le Ministère égyptien du Tourisme sont autorisés à faire visiter les sites archéologiques. Pour obtenir un tel cicérone, vous vous adresserez à votre hôtel ou à une agence de voyages; vous avez intérêt, dans un cas comme dans l'autre, à notifier par écrit vos desiderata et le montant que vous êtes disposé à verser pour ce service. Les guides ne sont pas nécessairement férus d'antiquités, et il arrive que leurs connaissances linguistiques soient limitées.

HABILLEMENT. Si vous visitez l'Egypte pendant les mois chauds – de mai à septembre –, il faut prévoir des vêtements de coton très légers (évitez les synthétiques), peu ajustés, un chapeau à larges bords et des lunettes de soleil (cela vaut tant pour les messieurs que pour les dames). Au Caire, il est interdit de visiter les mosquées en short; les femmes porteront des robes discrètes assez longues avec manches et se

H couvriront la tête d'un foulard; les hommes s'en tiendront au pantalon et à la chemisette.

Une paire de sandales confortables (aussi plates que possible) et des chaussures de marche à talon plat sont indispensables, d'un bout à l'autre de l'année, pour visiter les monuments et faire du shopping en ville. Il est *essentiel* de ne pas négliger cette question, car, dans les sites archéologiques et les villes, le sol, pierreux, est recouvert de sable.

En Egypte, la plupart des hôtels de tourisme sont des hôtels de luxe et de 1ʳᵉ catégorie: aussi, pour le dîner, les messieurs se sentiront-ils plus à l'aise en veston et en cravate, bien que, à ce sujet, aucune règle stricte ne soit réellement observée.

En hiver (de novembre à mars), il peut faire chaud dans la journée mais étonnamment frais la nuit, Il est donc recommandé d'emporter un pull-over ou un châle et quelques lainages légers.

HEURES D'OUVERTURE. Voir également Argent et Postes et Télécommunications.

Magasins. Au Caire, les commerces ouvrent de 10 h. à 19 h. en hiver, jusqu'à 20 h. en été. Toute l'année, le lundi et le jeudi, ils ferment une heure plus tard. Les boutiques gouvernementales sont closes tous les jours entre 14 h. et 17 h. D'une façon générale, et bien qu'il n'y ait pas de règle fixe, ces trois heures sont un mauvais moment pour faire des achats. Khan El Khalili ferme à 20 h. Durant le Ramadan, les heures et les jours de fermeture ne sont pas bien définis. Quelques magasins ferment le vendredi, la plupart le dimanche, alors que certains restent ouverts jusqu'au petit matin.

Les agences de voyages, les offices du tourisme, les coiffeurs, les échoppes suivent les horaires habituels des commerces. Quant aux pharmacies, elles restent ouvertes tard le soir.

Musées* (Le Caire). La plupart sont ouverts tous les jours.

Grands musées: de 9 h. à 16 h. (interruption de 11 h. 30 à 13 h. 30 le vendredi).

Petits musées: de 9 h. à 13 h., le vendredi de 9 h. à 11 h. 30 seulement Ce sont là les horaires d'hiver; en été, des musées ferment à 14 h. 30.

HOTELS *(fóndok)* **et LOGEMENT*.** Voir également Auberges de Jeunesse, Camping et Croisières sur le Nil. Les chambres sont attribuées en priorité aux organisateurs de voyages. Visiter l'Egypte en voyage organisé et s'en remettre à une agence pour toutes les réservations est du reste une très bonne formule. Si vous voyagez individuellement, faites vos réservations longtemps à l'avance et veillez à vous les faire confirmer avant le départ. Sachez qu'à l'arrivée, il vous faudra réclamer énergiquement votre chambre –, les hôtels ignorent quelquefois les réservations individuelles –, quels que soient les justificatifs que vous puissiez produire.

Hormis le choix assez grand et sans cesse plus étendu d'hôtels de première catégorie, la flambée immobilière de ces dernières années s'ont contrebalisée par la création d'une large gamme d'hôtels moyens, en particulier au Caire.

Les tarifs hôteliers sont indiqués en dollars. La note peut être réglée avec une carte de crédit ou en livres égyptiennes – dans ce cas vous devrez prouvez, avec la quittance d'une banque, que vous avez converti des devises fortes.

JOURS FERIES. Les fêtes religieuses musulmanes sont jours fériés en Egypte. Si une fête islamique dure plus d'une journée, magasins et bureaux sont fermés le premier jour seulement; par la suite, ils observent des horaires réduits. Pendant le mois du Ramadan, tandis que les musulmans jeûnent durant la journée, les horaires sont limités dans les bureaux. Les commerces restent ouverts très avant dans la nuit. Les fêtes religieuses coptes (chrétiennes) ne sont pas des jours fériés officiels, mais les magasins et sociétés coptes peuvent être fermés à cette occasion. Le calendrier copte est d'ailleurs différent du calendrier grégorien (Noël, par exemple, est toujours célébré le 7 janvier).

Fêtes laïques

1er janvier	Nouvel An (banques uniquement)
Premier lundi après	*Cham en-Nessim*
les Pâques coptes	(Fête nationale du printemps)
25 avril	Anniversaire de la restitution du Sinaï
1er mai	Fête du Travail
18 juin	Fête de la République (Evacuation)
23 juillet	Fête de la Révolution
6 octobre	Jour de l'Armée (Victoire d'octobre)
24 octobre	Fête de Suez
23 décembre	Fête de la Victoire

J **Fêtes religieuses.** Le calendrier islamique (Hégire) est lunaire; aussi les fêtes musulmanes tombent-elles 10 ou 11 jours plus tôt chaque année par rapport au calendrier grégorien. Selon le calendrier musulman, la journée commence au coucher du soleil. Aussi, si l'on vous dit que demain est fête religieuse, sachez que les célébrations débuteront aujourd'hui à la tombée du jour.

L **LANGUE.** La langue officielle est l'arabe. Par ailleurs, l'arabe parlé en Egypte est très largement considéré comme la langue de référence du monde arabophone, au sein duquel on distingue des dizaines de parlers. En général, le personnel des grands hôtels parle plus ou moins l'anglais et le français, langues dans lesquelles vous pourrez parfois vous faire comprendre dans la rue.

Bonjour/Bonsoir	**sabah el kheir/masá'el kheir**
Au revoir	**ma'assaláma**
Merci	**chokran**
Parlez-vous le français?	**bététkallém faransaoui?**

LOCATION DE BICYCLETTES *(igar beskéletta).* Il est possible de louer une bicyclette à Louxor, sur les deux rives du Nil. C'est un moyen agréable pour visiter les différentes tombes et ruines alentour. Le tarif horaire – pour un véhicule rudimentaire – est bas, pour peu que vous sachiez marchander.

Combien coûte la location pour une journée?	**bekam fil yom**

LOCATION DE VOITURES*. D'une façon générale, les touristes ne louent pas de voiture en Egypte. En effet, pour visiter les villes, il est plus agréable – et plus économique – de s'entendre sur un prix avec un chauffeur de taxi ou encore de louer une voiture avec chauffeur et, le reste du temps, d'emprunter les transports en commun (voir Transports).

Si, pour des motifs particuliers, vous désirez louer une voiture, vous vous adresserez au bureau de l'une des compagnies locales ou à l'une des deux sociétés mondialement connues, qui ont un siège au Caire ainsi que des représentations dans diverses villes d'Egypte. Les conditions de location sont les suivantes: âge minimum 25 ans, permis de conduire international ou un permis égyptien (qui s'obtient à la gare de Guizèh). La location se paie d'avance, soit avec une carte de crédit soit en liquide (livres égyptiennes ou dollars).

OBJETS TROUVES. Il vous suffira dans bien des cas de vous adresser au responsable d'un hôtel ou d'un musée pour que vous soient aussitôt restitués les objets perdus ou égarés. Si vous avez oublié quelque chose dans le train, voyez le contrôleur ou, à l'arrivée, le chef de gare. Si c'est dans un taxi, contactez la Police touristique, qui enregistre les allées et venues des taxis entre les hôtels, les aéroports et les lieux d'intérêt touristique; pour récupérer un objet oublié dans une voiture de Limousin Misr, rendez-vous au siège de cette compagnie (voir TRANSPORTS).

OFFICES D'INFORMATION ET DE TOURISME. Le Ministère égyptien du Tourisme dispose de représentations dans toutes les grandes villes d'Egypte, ainsi qu'à l'étranger. Ces bureaux distribuent brochures et cartes et fournissent toute information sur le pays.

Le Caire: Ministère du Tourisme, 5 rue Adly; tél. 390 3000/390 1835 (bureaux à l'aéroport et aux pyramides).

Alexandrie: place Saad Zaghloul; tél. 482 0258.

Louxor: Marché touristique, au sud du temple de Louxor; tél. 82215.

Assouan: au nord de la vieille ville, juste en dehors de la Corniche; tél. 23297.

Hors d'Egypte, vous pourrez vous adresser aux Offices d'Information et de Tourisme de la République arabe d'Egypte.

Belgique et **Luxembourg:** se renseigner auprès du bureau de Paris.

Canada: Place Bonaventure, 40 Frontenac, B.P. 304, Montréal, P.Q. H5A 1V4; tél. (514) 861-4420/851-4606.

France: 90 avenue des Champs-Elysées, 75008 Paris; tél. (1) 45 62 94 42/3.

Suisse: 9, rue des Alpes, 1201 Genève; tél. (022) 732 91 32.

PHOTOGRAPHIE. Les jours couverts ou nuageux sont rares dans ce pays. Le soleil inonde les étendues sablonneuses et la pierre calcaire qui réfléchissent une lumière aveuglante: vous en tiendrez compte pour l'ouverture du diaphragme de votre appareil photo.

Dans aucun des grands musées égyptiens les visiteurs ne sont autorisés à utiliser leur appareil; souvent, ils sont même priés de le laisser au vestiaire. Il est pareillement interdit de prendre des photos à l'intérieur des tombes principales.

Puis-je prendre une photo? **momkén ákhod soura**

P **POLICE** *(bolís).* Voir également URGENCES. Les policiers cairotes et alexandrins portent un uniforme blanc en été, noir en hiver. En province, vous verrez souvent des policiers en kaki. Les officiers de la Police touristique, dont certains connaissent une langue étrangère, portent l'uniforme habituel comportant un brassard vert et blanc, sur lequel figurent en lettres rouges les mots «Police touristique», écrits en anglais et en arabe.

Au Caire, la Police touristique a son siège au 5, rue Adly; tél. 247 25 84. Numéro de téléphone du sevice au public de cette même police, le 126.

Où est le poste de police le plus proche? **faïn a'rab ism bolís**

POSTES et TELECOMMUNICATIONS. Avec les services postaux égyptiens, il y a toujours un peu d'imprévu. C'est ainsi que l'acheminement des cartes postales, prises moins au sérieux que les lettres, peut demander des délais considérables. Les lettres elles-mêmes vont parfois plus lentement que prévu: souvenez-vous que le courrier est acheminé lentement et qu'il est parfois préférable de téléphoner, de télégraphier – voire de télexer – un message important. Et vous vous ferez adresser votre courrier à l'hôtel plutôt qu'en poste restante.

Les **boîtes aux lettres** sont d'une variété déconcertante: les vertes décorées d'une motocyclette sont destinées au courrier exprès (distribution par porteur spécial); les bleues ornées d'un avion, évidemment, au courrier par avion; les rouges avec un train comme symbole, au courrier ordinaire. Dans les grandes villes, les boîtes portent une indication en anglais: *express, ordinary mail* ou *air mail* selon le cas.

Horaires: La poste centrale du Caire, place Ataba, est ouverte tous les jours sauf le vendredi de 8 h. à 15 h. et de 17 h. à 19 h. Les autres bureaux de poste sont ouverts.

Téléphone: L'ensemble du réseau est en cours de modernisation et les liaisons téléphoniques se sont considérablement améliorées, en particulier au Caire. De nombreux changements de numéros ayant eu lieu à cette occasion, prenez soin de vérifier avant un appel.

Les téléphones publics ne sont souvent que de simples appareils de table complétés d'une boîte à monnaie. Ils sont assez rares, mais vous en trouverez dans nombre de tabacs. A l'hôtel, une communication urbaine vous coûtera plusieurs fois le tarif normal. Si vous voulez éviter tout supplément de la part de l'hôtel, faites enregistrer votre appel au bureau des téléphones le plus proche. L'attente peut être nulle, mais elle atteint parfois vingt-quatre heures.

Télégrammes: Ils peuvent être envoyés à partir des bureaux des téléphones; il est également possible, bien entendu, d'expédier des télex depuis Le Caire. D'ailleurs, les grands hôtels sont équipés de télex qu'ils mettent à la disposition de leurs clients au tarif normal. Ceux qui résident ailleurs peuvent eux aussi en faire usage, mais le tarif est, dans ce cas, plus élevé.

Renseignements: 140 ou 141
Réclamations: 16, 180 ou 181

POURBOIRES. Voir aussi BAKCHICH. Bien que le service soit porté sur la note, à l'hôtel, et sur l'addition, au restaurant, vous devriez laisser un pourboire. Les porteurs, les chasseurs, les ouvreuses au cinéma et au théâtre, parmi bien d'autres, attendent la pièce. Voici quelques suggestions à cet égard:

Batelier (felouque)	50 pt. (par passager)
Chauffeur de taxi	50-100 pt.
Coiffeur (dames, messieurs)	10%
Femme de chambre	6 £EG (par semaine)
Garçon	10%
Guide	10%
Porteur	1 £EG (par bagage)
Préposée aux toilettes	50 pt.
Serveur	3-5%

RADIO et TELEVISION *(rádyo; tilivísyon).* Le Caire dispose de trois chaînes de télévision. La deuxième chaîne diffuse chaque jour des bulletins d'informations en anglais et en français.

La station radiophonique multilingue d'Egypte émet de 7 h. à minuit, tous les jours. Avec, dans le courant de la journée, des nouvelles et des émissions en français, en anglais, etc. Les programmes sont publiés dans les quotidiens du Caire, *Le Journal d'Egypte, Le Progrès égyptien* ou *The Egyptian Gazette.*

R **RECLAMATIONS.** A l'hôtel, au restaurant ou dans un magasin, on demandera à parler au directeur ou au propriétaire; exposer calmement et courtoisement son grief, c'est déjà être quasi tiré d'affaire. En règle générale, les établissements qui jouissent d'une bonne réputation tiennent à la conserver et cherchent donc à donner satisfaction à leurs clients. En cas de litige grave, sollicitez l'assistance des autorités en matière de tourisme et, surtout, de la Police touristique.

RENCONTRES. Voir également SAVOIR-VIVRE. Les Egyptiens ont derrière eux une longue tradition d'hospitalité qui se réduit aujourd'hui à quelques manifestations de politesse simples mais très agréables. Thé, café ou boisson fraîche vous sont offerts dès que vous avez pris place dans un bureau, un magasin ou chez un particulier.

Notez, à propos, qu'il est inhabituel que votre hôte, tant au magasin qu'au bureau, vous accorde une attention sans partage. Si votre entretien est interrompu, il s'occupera de l'affaire qui a motivé cette interruption pour reprendre ultérieurement sa conversation avec vous.

S **SAVOIR-VIVRE.** Les Egyptiens ont découvert il y a fort longtemps le pouvoir du sourire. Spontané et sincère, leur sourire vous réconciliera avec ce monde vénal où sévit le bakchich. Lorsqu'un Egyptien vous rencontre, il vous salue souvent de la main droite avant d'échanger avec vous (toujours) une poignée de main.

L'Egypte est l'un des rares pays musulmans où les non-musulmans sont admis dans les mosquées. On s'habille avec décence et discrétion pour en effectuer la visite, on ôte ses chaussures avant d'entrer – un préposé est là pour vous indiquer où les mettre. Il est préférable de ne pas visiter une mosquée à l'heure du service ou le vendredi, «jour d'Allah». S'il s'y trouve quelques fidèles en prières, évitez de passer directement devant eux et veillez à ne pas troubler la paix du lieu; ne prenez des photos qu'à bon escient.

SERVICES RELIGIEUX. La majorité des Egyptiens sont musulmans. Des offices catholiques et protestants sont cependant célébrés au Caire, à Louxor et à Assouan; au Caire et à Alexandrie, il existe également une petite synagogue. Informez-vous auprès du réceptionnaire de votre hôtel.

SOINS MEDICAUX. Voir également URGENCES et FORMALITÉS D'ENTRÉE ET DOUANE. Renseignez-vous avant le départ auprès de votre assureur pour savoir s'il est possible de contracter une assurance maladie qui couvre les soins médicaux prodigués en Egypte. Vous emporterez par précaution (sur avis médical) un médicament contre les troubles intestinaux et quelques remèdes simples à large spectre, susceptibles de combattre rapidement quantité d'affections.

Un voyage en Egypte présente par ailleurs, sur le plan sanitaire, quelques risques: ainsi, pendant la saison chaude, ce sont à titre permanent l'insolation, les coups de soleil et la déshydratation qui vous guettent. Les mesures préventives recommandées doivent être prises très au sérieux. Il vous faudrait par ailleurs un pulvérisateur efficace contre les mouches et les moustiques: de tels produits, de marque égyptienne et d'importation, sont bien entendu en vente sur place. Emportez aussi de la crème antimoustiques, plus difficile à trouver sur place, ce qui vous permettra de dormir la fenêtre ouverte. Notez enfin que les eaux du Nil sont contaminées par les larves de la bilharzie, ver parasite du système veineux, qui provoque chez l'homme diverses maladies, en particulier du foie (bilharziose).

Pharmacies *(agzakhána).* Elles sont signalées par une enseigne représentant un croissant bleu renfermant la croix verte ou le caducée. De nombreuses pharmacies sont ouvertes sans interruption du matin au soir, et certaines restent ouvertes 24 heures sur 24. Même si vous n'y trouvez pas exactement le produit que vous recherchez, on vous proposera probablement l'équivalent préparé en Egypte, portant un nom parfois différent, le plus souvent identique. Les médicaments égyptiens coûtent considérablement moins cher que les produits d'importation. Voici l'adresse de quatre grandes pharmacies cairotes:

Zarif, place Talaat Harb; tél. 3936347.

Isaaf, rue du 26-Juillet; tél. 743369 (ouvert jour et nuit).

Pharmacie du Dr el Hakim, immeuble Osiris, rue d'Amérique-Latine, Garden City; tél. 3540403.

J'ai besoin d'un médecin/ d'un dentiste.　　　　　**aïez' doktór/ doktór asnán**

TOILETTES *(toualét).* Comme partout, les grands musées et les aérogares sont pourvus de toilettes publiques. Il est possible d'utiliser les «commodités» des grands hôtels; si l'on veut utiliser celles d'un café ou d'un restaurant, il est d'usage de commander un café ou une boisson fraîche (en bouteille). Il est également habituel de donner un petit pourboire au préposé. Les toilettes sont en général signalées par un symbole (un homme ou une femme).

Où sont les toilettes?　　　　　**faï'n al toualét**　　　　　**123**

T **TRANSPORTS***. Au Caire, les transports sont pour le moins surchargés. Les autobus, pris d'assaut, se révèlent souvent inabordables, et des encombrements phénoménaux paralysent la circulation, ralentissant considérablement la course des taxis. Depuis le centre, si vous voulez visiter les monuments coptes du Vieux-Caire, vous pouvez essayer de prendre le «bus du Nil», dont le trajet partant de l'embarcadère situé face à la Tour de la Télévision, dans la direction de l'amont, aboutit au débarcadère du Vieux-Caire. Environ cinq arrêts jalonnent ce parcours accompli en 40 minutes. Une fois à terre, il ne faut que 5 minutes de marche pour gagner le quartier copte.

Taxis*: Au Caire comme à Alexandrie, certains de ces véhicules sont équipés d'un compteur, mais il est fréquent que le chauffeur ne le fasse pas fonctionner, alléguant généralement qu'il est en panne. Pour éviter les mauvaises surprises, il est *impératif* de se mettre d'accord au préalable sur le prix de la course. Il importe de savoir indiquer son lieu de destination en arabe, car peu de chauffeurs comprennent le français ou même l'anglais (demandez au réceptionnaire de votre hôtel de vous écrire l'adresse en arabe). Les stations sont généralement situées à proximité des grands hôtels et des centres d'intérêt touristique (et, bien sûr, à l'aéroport), mais on peut aussi héler un taxi au passage. A chaque station, un officier de la Police touristique enregistre le numéro de chaque taxi, son heure de départ et sa destination. Il est rassurant de savoir que si l'on a maille à partir avec le chauffeur d'une voiture prise à une station, les autorités seront à même d'enquêter sur les motifs de la réclamation. Il est d'usage de donner un pourboire: ayez toujours sur vous suffisamment de pièces et de petites coupures, de manière à donner l'appoint au chauffeur (pourboire inclus), car il admettra rarement avoir la monnaie.

Dans les villes où les taxis ne sont pas équipés d'un compteur, un barème officiel des prix est généralement disponible, mais il s'avère quelquefois difficile de savoir à quoi s'en tenir. Le mieux est souvent de convenir un prix forfaitaire avec le chauffeur. Si le véhicule a un compteur, attendez-vous à payer près du double du montant affiché.

Taxis collectifs: Dans chaque ville, petite ou grande, on trouve de tels taxis, spécialisés dans les trajets intervilles. Les prix sont fixes, peu élevés, les voitures ne partant qu'une fois pleines. Le contrôle des prix est sévère, aussi les chauffeurs respectent-ils généralement les tarifs imposés (en outre, ils n'attendent aucun pourboire). Il n'est pas possible, d'une façon générale, d'entreprendre un long voyage après 20 h. Au Caire, il existe plusieurs stations de taxis collectifs; elles sont généralement situées à proximité de la gare principale ou des gares routières.

Voitures avec chauffeur: Les limousines constituent au Caire un moyen de transport confortable et fiable. Ayez soin de convenir du prix de la course à l'avance.

Calèches: Les tarifs de ces véhicules hippomobiles au charme désuet que l'on voit à Louxor et à Assouan sont établis par le Ministère du Tourisme; vous pourrez les consulter à l'Office du Tourisme. On en trouve encore quelques-uns au Caire, mais gare aux vapeurs d'essence!

Trains: Il existe de fréquentes relations de jour au départ de la gare du Caire pour Alexandrie. Des trains de nuit comportant des voitures-lits et un wagon-restaurant climatisés desservent l'axe Le Caire–Miniêh–Assiout–Louxor–Assouan et retour. Les voitures de première classe sont confortables, celles de seconde acceptables. En outre, un train touristique de luxe circule sur la ligne Le Caire–Assouan.

Lignes aériennes intérieures: La compagnie EgyptAir, parfois dénommée sur place Misr Air, dispose d'appareils modernes et confortables sur la ligne Le Caire–Louxor/Assouan; en saison, il y a plusieurs vols par jour. Abou-Simbel est relié au Caire, à Louxor et à Assouan; ces vols permettent au touriste de consacrer plusieurs heures au Ramesseum tout en regagnant Assouan le même jour. On peut aussi se rendre à Hourghada. ZAS Airline et Air Sinaï exploitent également un réseau de lignes intérieures.

Transferts à/et depuis l'aéroport: Taxis et voitures de la compagnie Limousin Misr font la navette entre l'aéroport du Caire et les hôtels du centre-ville. En raison de la circulation, quelquefois des plus intenses, et du prix élevé de la course, vous aurez avantage à partager le taxi avec d'autres passagers; en Egypte, cette pratique est courante. Les tarifs correspondant à diverses destinations sont affichés sur un écriteau. A Assouan et à Louxor, taxis et autobus desservent l'aéroport en partant de l'agence de ville d'EgyptAir.

URGENCES. Si le réceptionnaire de votre hôtel s'est absenté ou si vous ne parvenez pas à joindre la Police touristique, appelez:

Police-secours	122
Ambulance	124
Feu	125

Chaque hôpital a un service d'ambulance, mais la densité du trafic est telle que ce service peut s'en trouver ralenti.

Index

Un astérisque suivant le numéro d'une page renvoie à une carte ou à un plan.

INDEX